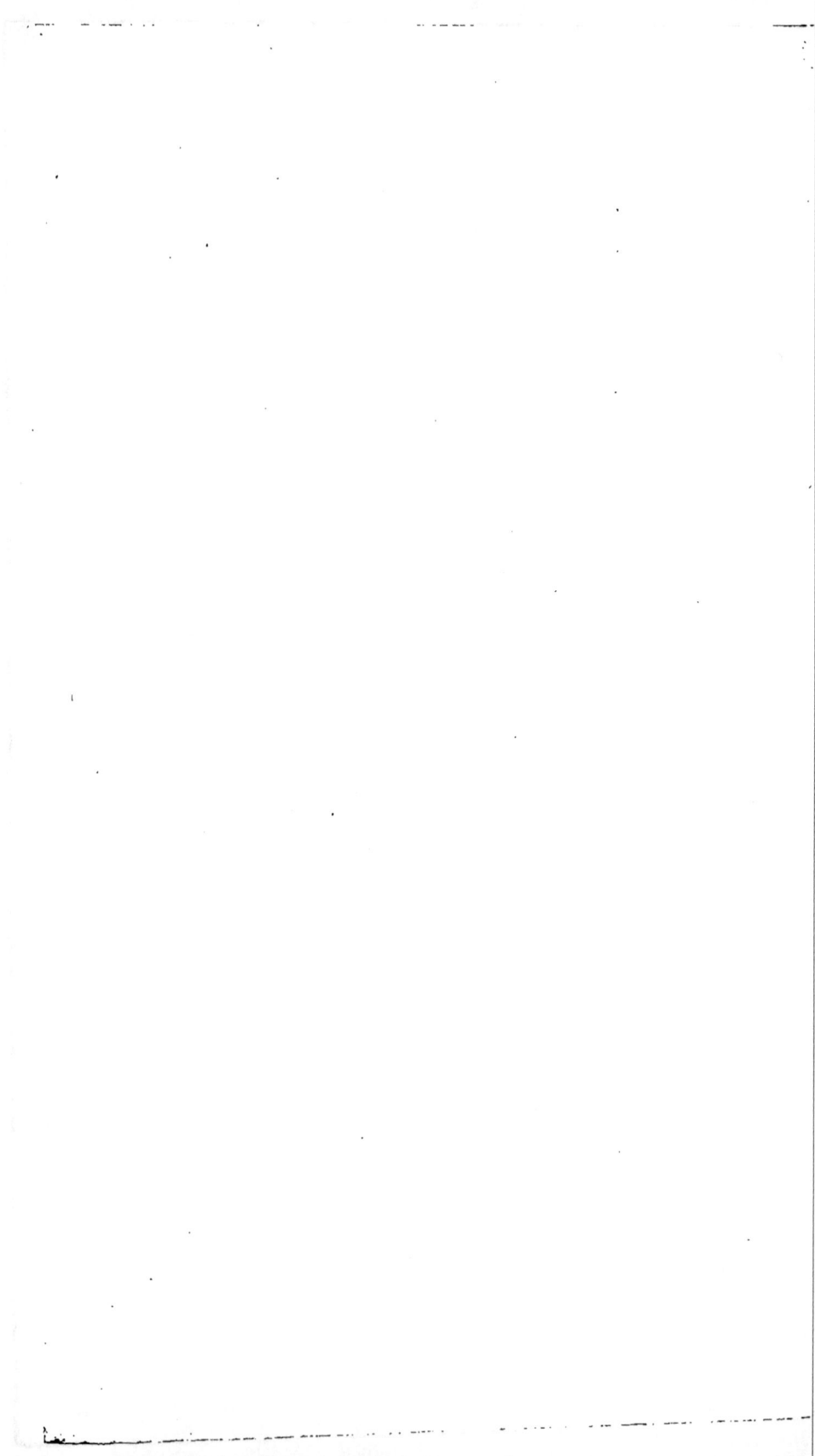

VIE

DE

SAINT ANTHELME

PAR

L'ABBÉ TIOLLIER

ARCHIPRÊTRE,

CURÉ DES ÉCHELLES (SAVOIE), ANCIEN CURÉ DE CHIGNIN.

GRENOBLE

BARATIER ET DARDELET, IMPRIMEURS-LIBRAIRES

—

1877

VIE

DE

SAINT ANTHELME

SAINT ANTHELME

Evêque de Belley,

D'après un ancien portrait existant à la Grande-Chartreuse.

VIE

DE

SAINT ANTHELME

PAR

L'abbé TIOLLIER

ARCHIPRÊTRE,

CURÉ DES ÉCHELLES (SAVOIE), ANCIEN CURÉ DE CHIGNIN.

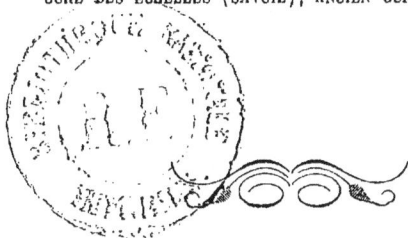

GRENOBLE

BARATIER ET DARDELET, IMPRIMEURS-LIBRAIRES

—

1877

2000 — Grenoble, imp. BARATIER et DARDELET. — 6536

APPROBATION DE Mgr L'ARCHEVÊQUE DE CHAMBÉRY.

Nous avons lu avec beaucoup d'intérêt et d'édification la Vie de saint Anthelme, *par M. l'abbé Tiollier, du clergé de Chambéry et curé-archiprêtre des Echelles (Savoie).*

Non-seulement nous n'y avons rien trouvé qui soit contraire à la saine doctrine, mais nous avons pu constater que tout y respire un parfum de piété qui fait du bien. Le nouvel historien s'est montré écrivain judicieux, également préoccupé de la forme et du fond de son travail. Nous approuvons et recommandons cette vie, et nous ne doutons pas qu'elle contribue puissamment à réveiller parmi nous le culte du saint Pontife, auquel la Grande-Chartreuse, dont il fut la gloire, vient d'élever un si beau sanctuaire à Chignin même, son pays natal, sur l'emplacement du château de ses pères.

Nous avons lu aussi la Notice sur les Tours de Chignin, *nous en sommes enchanté ; le récit en est plein de charmes, la diction soignée et les documents sérieux et bien choisis.*

Chambéry, le 12 février 1877.

† PIERRE-ANASTASE,

Archevêque de Chambéry.

LETTRE DE Mᵍʳ L'ÉVÊQUE DE GRENOBLE.

Grenoble, le 23 février 1877.

MONSIEUR L'ARCHIPRÊTRE,

L'hospitalité que vous m'avez offerte le jour où, descendant des montagnes de Savoie, je traversais votre paroisse, me révéla votre cœur : la lecture de votre ouvrage sur les Tours de Chignin *et la* Vie de saint Anthelme *vient de me convaincre davantage encore que j'ai visité l'humble presbytère d'un prêtre érudit, sachant unir les qualités de l'écrivain et de l'historien au zèle de l'apôtre.*

Vous m'avez procuré surtout le bonheur de suivre pas à pas saint Anthelme, dont vous avez admirablement rappelé la vie. Sous votre pinceau, cette noble figure se pare de tous les traits qui font les grands hommes et les grands saints. Pour moi, qui compte la Grande-Chartreuse parmi mes trésors, je me plaisais, en vous lisant, à me dire que votre héros est l'un des miens. Je me sentais encouragé et poussé au bien par les beaux exemples qu'il a donnés au monde, quand il a foulé aux pieds ses plaisirs et ses gloires, pour aller se plonger dans l'inconnu et les rigueurs du cloître; je l'admirais lorsque,

après trente ans passés dans la vie religieuse, où son âme avait
vécu de Dieu et goûté les joies suaves de la contemplation,
il consentit enfin, sur un ordre venu de Rome, à se charger
d'un fardeau, toujours redoutable; mais d'autant plus acca-
blant qu'il est porté par une âme plus parfaite. Or, Anthelme
alors était un saint. Les quinze années si fructueuses de son
épiscopat l'ont prouvé; ses travaux et ses combats ont mis à nu
sa grande âme; et Dieu, en rendant glorieux son sépulcre,
l'a marqué du sceau qui est la couronne de ses héroïques ser-
viteurs.

En résumé, cher Monsieur l'Archiprêtre, saint Anthelme
est une noble figure, et vous l'avez bien peinte. Je vous en fé-
licite, comme d'une bonne œuvre, qui portera des fruits abon-
dants; je vous en remercie pour moi, qui ai trouvé profit à
vous lire, et un charme sans pareil à me laisser aller à la
limpidité de votre style; je vous en rends grâces encore, parce
que vous avez payé notre dette de reconnaissance, qui ne s'é-
teindra cependant jamais, à Notre Vénéré Père Dom Charles-
Marie, et à l'ordre des Chartreux, dont il suffit de dire le
nom pour faire songer à la Providence de Dieu.

Recevez, cher Monsieur l'Archiprêtre, l'assurance de mon
affectueux dévouement en Notre-Seigneur Jésus-Christ.

† AMAND-JOSEPH,

Evêque de Grenoble.

A SA RÉVÉRENCE

LE PÈRE DOM CHARLES-MARIE

Général de l'Ordre des Chartreux.

MON TRÈS-RÉVÉREND PÈRE,

L'heureuse et sainte inspiration que vous avez eue, d'élever à Chignin une magnifique Chapelle, sur le berceau d'un de vos plus illustres prédécesseurs, me fait espérer que vous daignerez agréer le faible hommage de celui qui a eu l'honneur d'être pendant plusieurs années, le pasteur de l'intéressante paroisse de Saint-Anthelme. A qui pourrai-je, d'ailleurs, dédier plus convenablement ce livre, qu'à celui qui nous retrace si fidèlement la vie et les vertus de ce grand Saint? Comme lui on vous appelle la providence des pauvres et le consolateur de toutes les misères humaines. Les nombreux bienfaits que votre charité ne cesse de répandre, vous ont gagné tous les cœurs et vous méritent un concert de louanges et de bénédictions, dont votre mo-

*destie peut s'alarmer, mais que les sentiments de la reconnais-
sance empêchent de contenir.*

*Et celui qui a l'honneur de vous adresser ces lignes, que
n'aurait-il pas à révéler, si la discrétion et le silence, ne lui
étaient imposés par la profonde humilité du bienfaiteur.*

*Pénétré de mon insuffisance, en vous offrant ce travail, je
réclame toute votre indulgence. Sous vos auspices, si je n'ai pas
répondu parfaitement à l'attente des Archéologues, des Littéra-
teurs et des Historiens, j'ai la confiance qu'un grand nombre
de mes lecteurs appréciera la bonne volonté que j'ai mise et
les efforts que j'ai faits, pour élucider un point peu connu de
notre histoire nationale.*

De votre Révérence,

Le très-humble et très-obéissant serviteur,

L'abbé TIOLLIER,

Curé des Echelles, diocèse de Chambéry.

INTRODUCTION

————

L'assistance promise à l'Eglise par le Sauveur des hommes, et continuée d'âge en âge depuis son établissement, est une des preuves principales de sa mission divine. Si on suit attentivement la marche de l'Epouse du Christ à travers les siècles, on reste convaincu que, sans le secours d'un bras tout-puissant, elle aurait succombé mille fois sous les coups répétés de ces innombrables ennemis. Elle a eu pour adversaires et pour la combattre, toutes les puissances de la terre, et pour la publier et la défendre, tout ce qu'il y a de plus faible au monde. Dieu l'a voulu ainsi, afin qu'on rende à lui seul la gloire du succès. La faiblesse de l'instrument prouve l'habileté de l'ouvrier. Il veut que les hommes sachent bien que tout est sous sa main divine, et qu'il aime à se servir des plus petits moyens pour opérer de grandes choses.

Les plus dangereux ennemis de l'Eglise n'ont pas été les Caligula, les Néron et les Dioclétien. A mesure que le sang des chrétiens coulait par flots, dans toutes les

parties du vaste empire, le nombre des adorateurs du Cru-
cifié se multipliait en raison de celui des martyrs. Ce
n'était donc pas la mort de quelques millions de victimes,
ni les supplices qu'on leur faisait endurer qui pouvaient faire
craindre de voir sombrer la barque de Pierre. Les ennemis les plus redoutables du Christianisme furent ces nombreux hérétiques qui en imposaient aux multitudes par
une apparence de régularité, et les entraînaient dans les
plus pernicieuses erreurs. Ils n'usaient de l'intimidation et
de la violence, que lorsque leurs subtilités et leurs so-
phismes n'avaient pu séduire ceux qu'ils trouvaient trop
affermis dans la foi. Par ces moyens, et aidés du puissant secours des passions, ils réussirent plusieurs fois
à ébranler le monde chrétien et à faire de grands ravages dans le bercail du divin Pasteur.

Il y eut des jours bien mauvais pour l'Eglise. La per-
turbation fut si grande, que les fidèles, troublés, éperdus,
se demandaient avec anxiété où était la chaire de Pierre.
Il fut même un moment où, selon l'expression d'un docteur, le monde scandalisé crut se réveiller en pleine
hérésie. Les ennemis du Christianisme, triomphants, espé-
rèrent alors un naufrage universel de l'œuvre divine.
Mais celui qui veillait sur les jours de sa fidèle Epouse,
préparait, à chaque siècle, sa planche de salut. Il faisait
paraître, aux époques des grandes épreuves, des hommes
enrichis de tous les dons qui leur étaient nécessaires pour
la lutte. Il les opposait comme une digue puissante au
torrent dévastateur, et le monde était sauvé.

Au nombre de ces hommes providentiels, à qui Dieu avait confié une grande mission, nous n'hésitons pas à placer saint Anthelme de Chignin. Il paraît dans le monde, à un moment où les puissances du siècle avaient ourdi un formidable complot contre l'indépendance de l'Eglise. Déjà plusieurs colonnes de l'édifice divin étaient tombées, de déplorables défections dans le Sanctuaire avaient éclairci les rangs des combattants. Un audacieux potentat avait osé porter une main sacrilège sur le trône pontifical. Une consternation générale régnait dans l'Eglise, et on s'attendait à une de ces luttes terribles, où l'enfer tenterait un effort désespéré pour l'anéantir. Ce fut à ce moment que parut dans la lice l'athlète vigoureux qui devait relever tous les courages. Le Ciel l'avait tenu comme en réserve pour le combat décisif, et, dès lors, la victoire ne fut plus douteuse.

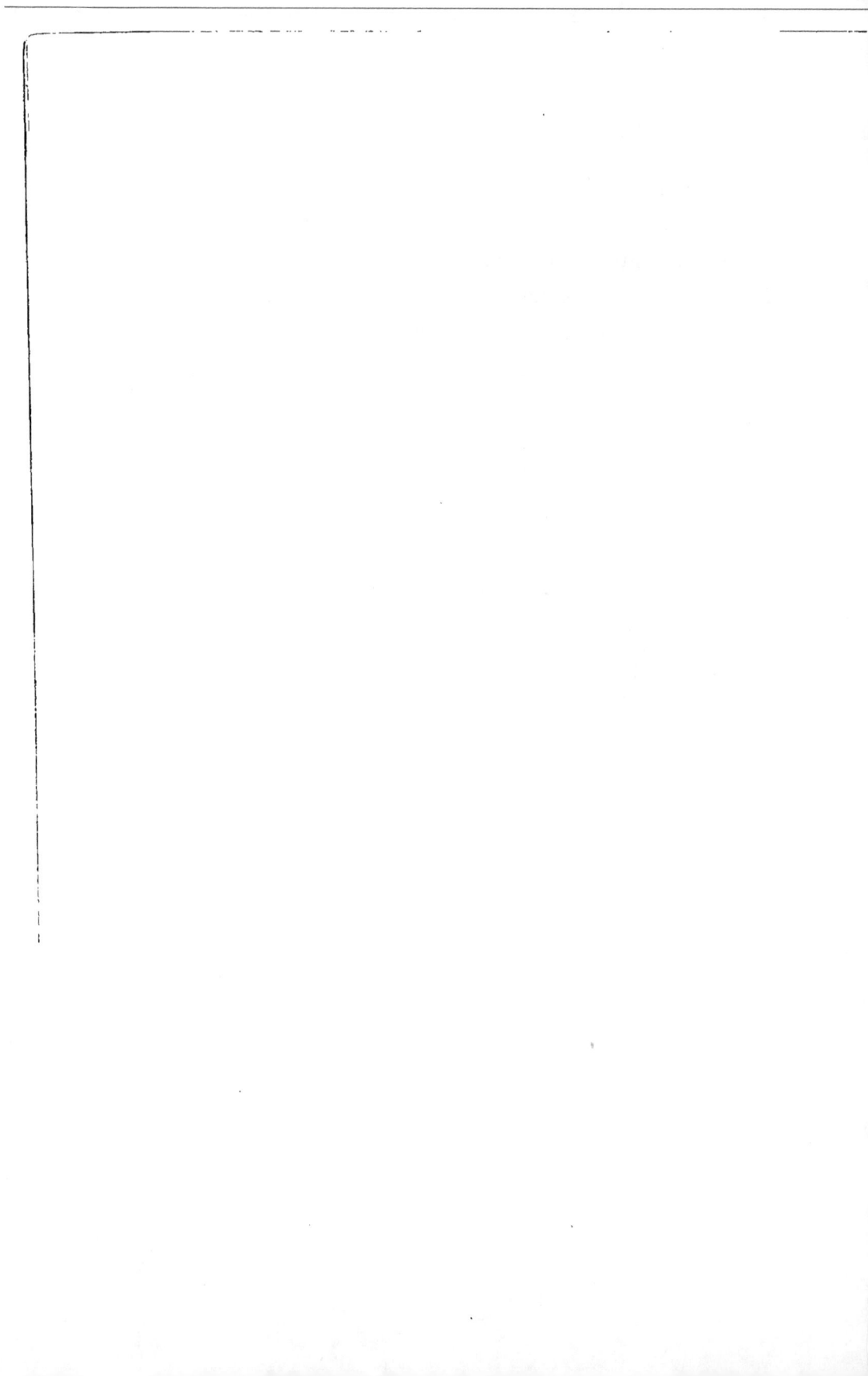

VIE DE SAINT ANTHELME

CHAPITRE I

NAISSANCE DE SAINT ANTHELME. — SON ÉDUCATION.
— SES PROGRÈS DANS LA SCIENCE ET LA PIÉTÉ. —
VOCATION ECCLÉSIASTIQUE. — IL EST NOMMÉ PRÉVÔT
DE L'EGLISE DE BELLEY. — SES BONNES ŒUVRES.
— SON ÉLÉVATION AU SACERDOCE.

Saint Anthelme naquit au château de Chignin, en
Savoie (1), en 1107, de parents aussi distingués par
leurs vertus que par l'ancienneté de leur noblesse. Son
père, Hardouin, baron de Chignin, était un de ces

---

(1) Chignin est situé sur la route d'Italie, entre Montmélian et
Chambéry, à douze kilom. de cette dernière ville. Plusieurs auteurs
font naître saint Anthelme en 1106. Mais, comme l'observent les
Bollandistes et Chauvet, il n'est pas possible de faire concorder les
divers événements de sa vie avec cette date, ils croient donc, avec
raison, qu'il est né en 1107.

vaillants chevaliers qui avaient conservé, dans la dissipation des guerres et le tumulte des combats, l'habi-
tude des pratiques religieuses. Le service de Dieu et
les règles de l'honneur militaire composaient tout le
Code des guerriers de ce temps. Sous ces poitrines
bardées de fer, on rencontrait souvent des cœurs
d'or, pleins de charité et d'esprit de sacrifice. Père
d'une nombreuse famille et parfaitement secondé par
sa digne et vertueuse épouse, Hardouin inspira, dès
leur bas âge, à ses fils la piété la plus éclairée et le
dévouement le plus entier à l'Eglise. Ils en donnèrent
souvent des preuves en s'enrôlant, sous la bannière
de la croix, pour la délivrance du saint sépulcre.
Ceux qui renonçaient à la gloire des armes se retiraient dans les déserts, pour conquérir plus sùrement
les palmes du Ciel.

Après de tels résultats, il serait superflu de faire
l'éloge de l'éducation que le baron de Chignin donnait
à ses enfants. Il y en avait un, cependant, qu'il soignait
plus attentivement, parce qu'il avait remarqué en lui
des qualités plus distinguées. Cet enfant privilégié était
le jeune Anthelme. Doué d'un caractère docile, d'une
intelligence supérieure, d'une piété angélique, il faisait
ses délices de la prière, et se livrait à l'étude avec une
ardeur au-dessus de son âge. On ne savait ce qu'on
devait le plus admirer dans ce jeune homme, ou de sa
tendre dévotion, ou de ses grands progrès dans les
sciences. Ses maîtres en étaient émerveillés et ses

parents, à la vue de si heureuses dispositions, pensaient que Dieu leur avait donné cet enfant de bénédiction, pour l'élever comme le jeune Samuel et le préparer à une autre vocation que celle de ses frères. Sa pieuse mère, qui avait suivi avec une constante sollicitude le développement de son fils, qui avait étudié son caractère, ses goûts, écouté pour ainsi dire tous les battements de son cœur, était persuadée que Dieu l'avait choisi pour le service de ses autels. Une âme si ardente et si pure, n'était pas faite pour le monde. Anthelme tressaillit de joie, lorsqu'il connut l'intention de ses parents. Elle était si conforme aux inclinations de son cœur!

Dès ce jour il s'appliqua, avec plus d'ardeur encore, à acquérir les sciences ecclésiastiques. Il y fit des progrès si rapides, que chacun était désireux de voir et d'entendre ce docteur précoce. A peine âgé de vingt ans, il faisait l'admiration des évêques du voisinage. Deux d'entre eux, celui de Genève et celui de Belley, lui offrirent simultanément la première dignité de leur Eglise. Mais Dieu qui avait ses desseins, et qui voulait l'approcher du but que lui préparait sa grâce, lui inspira de choisir celle de Belley. Ce fut donc dans cette ville qu'il fixa sa résidence. Les dignités et les honneurs qu'il reçut à son arrivée, n'altérèrent pas le calme de son âme. Toujours pénétré des grandes pensées de la foi, il ne voyait, dans les empressements et les félicitations dont il était l'objet, qu'un moyen de faire le bien et d'édifier par sa modestie le clergé de ce vaste diocèse.

Jeune lévite du sanctuaire, il servait déjà de modèle aux vieillards, comme aux ecclésiastiques de son âge. Il employait les revenus de ses riches bénéfices et ceux de sa fortune privée au soulagement des pauvres et des orphelins. Les malheureux furent toujours, après Dieu, les plus chers objets de sa tendresse. A Chignin, étant encore enfant, son plus grand bonheur était d'accompagner sa charitable mère dans les visites qu'elle faisait aux malades et aux pauvres. Cette pieuse et intelligente dame avait soin de faire passer par les petites mains de son cher fils, les aumônes qu'elle leur distribuait. Elle lui apprit ainsi, dès son bas âge, à aimer et à soulager ceux que le divin Maître appelle ses membres souffrants. Jamais personne ne recourait à son ardente charité sans recevoir les secours ou les services dont on avait besoin. Les petits enfants pauvres avaient surtout ses prédilections; il aimait à les réunir autour de lui, à les interroger sur la situation de leurs familles, sur leur degré d'instruction religieuse, et il gagnait leurs jeunes cœurs, en leur distribuant des aumônes et des objets de piété.

Sa table était ouverte à tous les étrangers; les religieux et les ecclésiastiques qui venaient à Belley recevaient toujours de sa part la plus cordiale hospitalité. Edifier et secourir le prochain, telle était la constante sollicitude et la règle invariable du pieux prévôt.

Malgré le nombre de ses bonnes œuvres et une vie d'une régularité parfaite, notre saint jeune homme ne jouissait pas cependant de ce calme et de cette douce paix qui sont déjà, ordinairement ici-bas, la première récompense de la vertu. Sa conscience agitée lui reprochait de prendre trop de part à la dissipation et aux jouissances du monde. Il sentait son cœur divisé entre Dieu et les choses terrestres. De longs soupirs s'échappaient souvent de sa poitrine oppressée. Il apercevait dans son âme un vide que rien de tout ce qui l'entourait ne pouvait combler. Lorsqu'il réfléchissait, en présence de l'éternité, à la vanité des grandeurs humaines et au néant de tout ce qui fascine les regards des pauvres mortels, un trouble indéfinissable s'emparait de lui. Il ne se reprochait aucun désordre qui pût alarmer sa conscience, mais sa foi vive lui faisait comparer la morale sévère de l'Evangile, avec sa vie commode et aisée ; la pauvreté et les souffrances du Sauveur, avec le luxe et toutes les jouissances qui accompagnent ordinairement la fortune. Ces rapprochements l'inquiétaient, l'effrayaient même et lui faisaient perdre le repos.

Lorsque le moment fixé pour son élévation au Sacerdoce fut arrivé, c'était en 1135 (1), il espérait que

_____

(1) *Notice sur la Chartreuse de Portes*, par l'abbé Nid, et *Vie de saint Anthelme*, par Mgr Dépéry.

tous ces troubles disparaîtraient dans la fervente préparation qu'il se proposait d'apporter à l'action la plus sainte et la plus solennelle de sa vie. Mais il n'en fut pas ainsi. Le jour où Bernard de Portes, évêque de Belley, consacra prêtre le jeune prévôt, il fut profondément ému, ainsi que la nombreuse assistance, de la piété angélique qui brillait sur le visage d'Anthelme. Il s'applaudissait et remerciait Dieu de l'avoir choisi pour donner à l'Eglise un prêtre selon son cœur. Des larmes d'attendrissement coulaient de tous les yeux, et plusieurs témoins de la touchante cérémonie osèrent déjà prononcer le nom de saint. Cependant cette âme était toujours agitée, une inquiétude indéfinissable la poursuivait sans cesse comme un remords. On aurait dit qu'elle se débattait sous une étreinte mystérieuse. Son cœur était comme celui d'Augustin avant son retour à Dieu, dégoûté, triste, malheureux. Ah ! c'est que la volonté du Ciel n'était accomplie qu'à demi !

Avant d'inonder ses élus des douceurs de sa grâce, Dieu exige le sacrifice de toutes les joies de la vie présente. Il veut que tous les liens terrestres soient brisés sans réserve, pour régner seul dans leur cœur. Nous allons voir avec quelle fidélité notre jeune prêtre correspondit aux inspirations divines.

CHAPITRE II

VISITES D'ANTHELME A LA CHARTREUSE DE PORTES.
— DOM BERNARD DE VARIN. — DOM BOZON. —
ANTHELME RENONCE AU MONDE. — IL ENTRE A LA
CHARTREUSE DE PORTES.

Dès les premières années de son séjour à Belley,
Anthelme avait visité les monastères établis dans le
Bugey. Un attrait particulier l'amenait fréquemment
dans ces retraites, où la grande nature a tout disposé
pour élever l'âme à Dieu. Quand il était au milieu de
ces solitaires, leur abord doux et grave, leurs ma-
nières simples et polies, leur conversation persua-
sive, l'air de sérénité et de bonheur peint sur leurs
visages, lui faisaient faire de sérieuses réflexions. La
félicité, se disait-il à lui-même, n'est donc pas là où
le monde la place et la recherche. Ces religieux me
paraissent plus heureux que tous les hommes de ma
connaissance qui jouissent de la fortune et des plaisirs; puis il rentrait à Belley, triste, silencieux, de

plus en plus dégoûté du monde et de ses vanités. Le
monastère qu'il visitait plus souvent, et qui avait ses
prédilections, était celui de Portes, habité par les fils
de saint Bruno. Tout lui plaisait dans cette solitude.
Le site retiré et tranquille, la forme et la distribution
de la maison, la manière de vivre des religieux, la
règle si sage qu'ils suivaient, étaient pour Anthelme
un sujet de continuelles préoccupations ; plus il visitait ce désert, plus il s'y sentait attiré et plus il en-
viait le sort de ceux qui l'habitaient.

La Chartreuse de Portes avait alors pour prieur
dom Bernard de Varin, homme supérieur, d'une
science distinguée et d'une vertu éminente. Issu
d'une des plus anciennes familles du Bugey, il avait
aussi vécu dans le monde et renoncé à l'éclat d'une
brillante carrière pour servir Dieu dans l'humilité
du cloître. A son exemple, plusieurs jeunes seigneurs
avaient abondonné le métier des armes et renoncé
aux avantages terrestres pour le suivre dans la solitude. Ce n'était donc pas seulement une communauté de fervents religieux qui habitait la maison de
Portes ; les monastères des Chartreux étaient déjà
alors, comme aujourd'hui, une réunion d'hommes
instruits qui joignent à la prière l'étude des sciences sacrées, et sont les plus rigoureux observateurs
des règles de la politesse et de la bonne société.

Dom Bernard de Varin avait un talent, ou plutôt
un tact spécial, pour découvrir promptement les apti-

tudes et même les pensées intimes de ceux qui venaient le voir. Son regard de feu pénétrait jusque dans les plis du cœur (1). Dans les fréquents entretiens qu'il avait eu avec Anthelme, il avait reconnu chez ce jeune prêtre un goût prononcé pour la vie solitaire et une antipathie pour le monde. S'il voyait la société, c'était moins par attrait que par la nécessité de sa position. L'abondance de ses aumônes prouvait assez que depuis longtemps il ne s'inquiétait plus de son avenir terrestre.

Il y avait aussi à Portes un homme d'un grand mérite, c'était dom Bozon qui en était le procureur. Ce religieux, parent d'Anthelme, jouissait dans la maison et dans tous les pays circonvoisins, d'une considération bien méritée par ses vertus et les talents qu'il déployait dans l'accomplissement des devoirs de sa charge. Anthelme le voyait à la Correrie (2) chaque fois qu'il montait au désert. Dans cette intimité, que permettent les liens de la parenté, il lui faisait part de ses inquiétudes, de ses doutes et des appréhensions qui accompagnent toujours les préliminaires

---

(1) La biographie de ce religieux et celle de plusieurs autres, dont il est parlé dans ce livre, est tirée des manuscrits communiqués par la Grande-Chartreuse. Guichenon, dans sa nomenclature des prieurs de Portes, a copié littéralement ces manuscrits.

(2) On appelait Correrie dans les monastères de Chartreux, des bâtiments séparés du couvent où l'on recevait les étrangers.

d'une grande détermination. Dom Bozon l'éclairait,
le rassurait, lui parlait du bonheur de la vie religieuse et des dangers que l'on court pour son salut
dans le monde. Méditez, lui disait-il avec une ardeur
toute céleste, ces paroles de l'Evangile : Que sert à
l'homme de gagner le monde entier, s'il vient à perdre son âme? Que penserez-vous de tout ce fantôme
de dignités et d'honneur, lorsqu'il faudra paraître devant Dieu ? Le jeune prévôt se sentait vaincu par la
force de ces raisonnements; il comprenait qu'ils étaient
sans réplique et que toute hésitation devenait une
défection et une résistance à la grâce. Aussi l'exécu-
tion de son projet ne fut plus dans sa pensée qu'une
question de temps. Il allait s'occuper de la résigna-
tion de ses bénéfices et du règlement de ses affaires
temporelles, et, aussitôt qu'il le pourrait, il quitterait
ce monde qu'il n'avait jamais aimé. Mais Dieu en
avait décidé autrement.

Quelques jours après le dernier entretien qu'Anthelme avait eu avec le vénérable procureur de
Portes, trois jeunes seigneurs de ses amis vinrent lui
proposer une promenade au couvent; il y consentit vo-
lontiers. Ils s'acheminèrent par un temps magnifique
et arrivèrent à la Correrie, où Dom Bozon les reçut
avec les honneurs dus à leur rang. Vers le soir, après
avoir fait une visite au prieur Dom Bernard de Varin,
ils se disposaient à retourner à Belley, lorsqu'une
pluie torrentielle les obligea à rentrer à la Correrie et

à y passer la nuit. Ce fut dans cette nuit mémorable
que la grâce divine porta son dernier coup au cœur
du jeune prévôt. Réveillé comme Samuel, par une
voix mystérieuse, il lui semble entendre des paroles
de reproches sur ses longs délais. La pensée des jugements de Dieu et de l'éternité frappe de nouveau
son imagination. Au même instant, il entend la cloche
du couvent qui appelle les religieux à la prière. Ils
vont prier, disait-il tout bas..... ils interrompent leur
sommeil au milieu de la nuit..... ils souffrent, ils font
pénitence..... Et cependant ils n'espèrent pas un autre Ciel que moi. Ils ne croient pas trop faire pour le
gagner, et moi j'aurais la prétention de l'obtenir en
vivant dans la mollesse et le bien-être..... c'est une
folie; c'en est fait; au point du jour, je remonte au
couvent et je me lie pour toujours à cette société
d'élus (1).

En effet, aux premières lueurs de l'aurore, il va
réveiller ses amis pour leur faire part de sa résolution. Cette nouvelle les afflige profondément, ils lui
objectent qu'une détermination semblable demande
du temps et de la réflexion; que le parti qu'il va
prendre est un excès de ferveur qui pourra lui don-

(1) *Vie de saint Anthelme*, par Mgr Dépéry, p. 26, et Guichenon,
*Hist. de la Chartreuse de Portes. Notice de l'abbé Nid et les Bollan-
distes*, vol. de uin, 23ᵐᵉ jour.

ner des regrets ; qu'il faut au moins prendre le temps suffisant pour régler ses affaires. Anthelme reste inflexible et sa résolution est irrévocable. La voix du Ciel s'est fait entendre, il ne doit plus hésiter un instant. Il prie ses compagnons de voyage de lui donner un dernier gage d'amitié en se chargeant eux-mêmes de régler ses affaires temporelles et de distribuer aux pauvres tout ce qu'il possède. Puis, après d'affectueuses salutations, il monte au couvent où Dom Bernard de Varin le reçoit dans ses bras et l'admet avec empressement au nombre de ses religieux.

CHAPITRE III

ANTHELME AU NOVICIAT DES CHARTREUX. — IL EST LE MODÈLE DES AUTRES RELIGIEUX. — PAR SON OBÉISSANCE ET PAR LA PRATIQUE DES VERTUS MONASTIQUES. — IL PRONONCE SES VŒUX SOLENNELS.

En entrant dans sa cellule, Anthelme ressemblait au voyageur qui, après une ascension difficile et périlleuse, s'applaudit d'avoir surmonté les obstacles et échappé aux dangers. Après quelques instants consacrés à calmer les dernières émotions, il lève les yeux au Ciel pour remercier Dieu de lui avoir donné le courage de s'arracher aux larmes et à la tendre affection de ses amis. Son sacrifice est fait, et il s'écrie avec le prophète : *C'est ici le lieu de mon repos, je l'ai choisi pour ma demeure et j'y resterai éternellement* (1). Aussitôt il demande communication des

---

(1) *Hæc requies mea in seculum seculi, hic habitabo quoniam elegieam.* Ps. 131, v. 14.

saintes règles, qui doivent désormais diriger sa conduite et toutes les actions de sa vie. Il sait que ces règles ont déjà formé plusieurs grands saints et donné d'illustres Pontifes à l'Eglise. Il se promet de les observer avec la plus parfaite exactitude. Anthelme n'était pas de ces hommes superficiels et légers qui, entraînés par l'élan d'un premier mouvement de ferveur, s'arrêtent bientôt, s'effraient des difficultés et hésitent entre leur faiblesse et les sacrifices. Son âme d'une trempe forte, était pleine de courage et d'énergie, sa volonté de fer ne cédait jamais lorsqu'il s'agissait de la gloire de Dieu et de l'accomplissement d'un devoir. Dès qu'il fut admis au noviciat, il devint en peu de temps le modèle des autres religieux dans la pratique des vertus monastiques.

On s'étonnait qu'un jeune homme du monde, qui avait vécu dans le luxe et le bien-être, pût s'habituer si facilement aux privations et aux austérités du cloître. Il avait échangé sans peine une table abondante et délicate, avec les apprêts maigres et grossiers du monastère ; une couche molle et commode, avec le lit dur et étroit du chartreux ; une vie de sensualité, avec les jeûnes et les macérations sanglantes de ces illustres pénitents.

Mais ce qui dut l'éprouver plus encore, parce que c'est en cela que consiste l'héroïsme de la vie religieuse, c'est le renoncement le plus entier à lui-même et à sa propre volonté. L'homme du cloître ne s'appartient plus ; il a abdiqué ses goûts, ses désirs, ses opinions, ses appréciations et tout son vouloir. On peut dire de lui en toute vérité, qu'il n'est plus à lui-même. Sa personnalité a disparu devant la règle. Il ne peut prononcer une parole, faire une action, se livrer à une occupation quelconque, sans y être autorisé par la règle ou par son supérieur. C'est à ce degré de perfection qu'Anthelme arriva en peu de temps. L'amour divin qui brûlait son cœur lui donnait des ailes pour devancer, dans la sainteté, les plus anciens anachorètes. Tous étaient dans l'admiration en voyant ce religieux d'hier pratiquer l'humilité, la mortification et l'obéissance, comme ces vénérables cénobites qui comptaient peut-être plus d'années dans la vie pénitente qu'Anthelme n'y comptait de jours. C'est dans ces saintes dispositions qu'il se prépara à faire les vœux qui devaient élever un mur infranchissable entre lui et le monde (1).

Ce fut un jour d'ineffable bonheur que celui où il s'attacha définitivement à la croix, en brisant le dernier lien terrestre. Depuis lors, uniquement occupé de Dieu et de sa sanctification, il divisait sa vie en deux parts. La première, était employée à bénir la miséri-

---

(1) Quelques auteurs, tel que Mgr Dépéry, laissent penser que saint Anthelme fit ses vœux à Portes, quelques autres soutiennent que ce fut à la Grande-Chartreuse.

corde divine de l'avoir amené dans ce saint asile, à
l'abri des dangers du siècle, et, la seconde, à satisfaire
à sa justice pour les fautes qu'il avait commises. La
contemplation des perfections divines et, surtout, de
cette bonté infinie dont il se disait le privilégié, l'ab-
sorbait tellement, qu'aucune pensée terrestre ne pouvait l'en distraire. Dans ces heures de ravissement, les
traits de son visage, s'illuminaient d'une clarté céleste et
tout son être semblait transporté dans une atmosphère
divine ; les religieux, qui le surprenaient alors, s'arrêtaient saisis d'un saint respect et n'osaient troubler
ces délicieux entretiens.

Une âme, ainsi dégagée des sens et élevée à une si
haute perfection, ne devait plus avoir de ménagement
pour son corps. Elle le traitait comme un esclave
rebelle.

Sans parler des austérités de règle déjà très-dures,
nous pourrions même dire effrayantes pour plusieurs,
Anthelme s'appliquait à crucifier sa chair par des pénitences et des macérations continuelles. C'étaient des
jeûnes, des silices, des flagellations qui faisaient tomber sa chair en lambeaux. Et, lorsque son corps, accablé, pouvait à peine se soutenir, il était content et il
éprouvait la satisfaction du combattant qui a enfin
terrassé son plus redoutable ennemi.

Mais la guerre impitoyable que le jeune solitaire
faisait à ses sens ne lui faisait pas négliger la pratique
des autres vertus monastiques. L'étude des livres

saints, la lecture des saints Pères et des auteurs as-
cétiques, occupaient tous les instants qui n'étaient pas
employés à la prière et aux autres exercices de la règle.
Il ne s'inquiétait que de sa sanctification et il se serait
reproché de penser à autre chose. Se croyant oublié
du monde entier, il espérait que jamais on ne viendrait
l'arracher à sa chère solitude, pour l'occuper d'affaires
temporelles. Il avait éloigné de lui jusqu'au souvenir
des choses de la terre. Mais la réputation de ses vertus et de ses talents, avait franchi les limites du désert de Portes, et Dieu qui voulait montrer au monde
toutes les grâces dont il avait comblé son élu, disposait les événements pour qu'il fût encore un modèle
dans la pratique de la charité et du dévouement au
prochain.

Il avait pu croire qu'en devenant religieux, il ne
l'était que pour lui-même, désormais, sous l'impulsion
de l'esprit divin et guidé par l'obéissance, il va presque s'oublier pour ne s'occuper que des autres.
Nous raconterons dans les chapitres suivants les
événements qui furent la cause de son nouveau
genre de vie.

c

CHAPITRE IV

DESTRUCTION DES CELLULES DE LA GRANDE-CHARTREUSE PAR UNE AVALANCHE. — ANTHELME Y EST APPELÉ PAR L'ÉVÊQUE DE GRENOBLE ET PAR GUIGUE LE VÉNÉRABLE. — SON ZÈLE POUR LA RECONSTRUCTION. — IL EST NOMMÉ PROCUREUR DE LA GRANDE-CHARTREUSE.

Dans l'hiver de 1138, une formidable avalanche, entraînant avec elle des masses de rochers et de neige, se précipita pendant la nuit, du haut de la montagne, sur les bâtiments de la Grande-Chartreuse.

Les cellules, bâties par saint Bruno, furent presque toutes emportées ou écrasées par cet éboulement. Plusieurs religieux périrent dans ce désastre ; les autres, épouvantés, se réfugièrent dans quelques granges dépendantes du monastère. Consternés, transis de froid et manquant des choses les plus nécessaires à la vie, ils étaient à se demander s'ils ne devaient pas abandonner cet âpre désert pour s'établir sur une terre plus hospitalière. Cependant le souvenir de leur vénérable père, saint Bruno, qui avait sanctifié cette solitude par ses éminentes vertus, leur faisait éprouver un grand regret de s'en éloigner.

Ils délibéraient sur le parti qu'ils devaient prendre, lorsqu'arriva l'évêque de Grenoble, Hugues II. Informé du grand malheur par Guigue le Vénérable, cinquième prieur de la maison, ce digne successeur de saint Hugues, malgré la rigueur de la saison, franchit les montagnes et arrive, à travers la neige et les bois, pour apporter des secours et des consolations aux religieux désolés.

Sa présence relève les courages abattus, et, dès ce moment, on renonce à l'idée d'abandonner le désert. On se hâte de pratiquer des fouilles pour donner aux morts une sépulture convenable (1), puis on pense à relever ces ruines et à bâtir un nouveau monastère. Mais aucun religieux ne se sent capable de diriger cet important travail. Pour une telle œuvre, il faut un homme spécial. Cet homme Dieu l'a préparé à la

---

(1) Six religieux et un novice furent ensevelis sous les rochers et la neige, un de ces religieux fut retiré encore vivant de dessous l'avalanche, il se trouva sans blessures et jouissant de toutes ses facultés intellectuelles. Il reçut les derniers sacrements et expira dans le plus grand calme. De toutes les cellules bâties par saint Bruno, une seule resta debout. Tout le reste du monastère fut écrasé ou emporté par l'avalanche. Docum. fourni par la Grande-Chartreuse.

Chartreuse de Portes, c'est le jeune Anthelme de Chignin. L'évêque de Grenoble et Guigue le prieur, le demandent à Dom Varin, qui se hâte de l'envoyer.

Il dut s'en doute en coûter beaucoup à notre saint de quitter sa chère cellule, et de s'éloigner de ces religieux qui lui avaient servi de guides et de modèles dans les premières années de sa vie monastique. Mais Anthelme, en entrant à Portes, avait renoncé à sa volonté et promis à ses supérieurs l'obéissance la plus absolue. Il ne fit donc pas d'observations et partit immédiatement pour sa nouvelle destination.

Pour avoir une idée des impressions qu'Anthelme dut éprouver en arrivant, au milieu de l'hiver, dans les montagnes de la Grande-Chartreuse, il faudrait se reporter à sept siècles en arrière. Il n'y avait pas alors, comme aujourd'hui, des routes faciles et bien entretenues pour arriver au couvent. La seule voie praticable était celle du Sappey, qui conduisait à Grenoble. Cette route elle-même, si on peut la décorer de ce nom, n'était qu'un mauvais et difficile passage à travers les bois et les rochers, qui n'était pas sans danger dans la mauvaise saison. Mais il ne paraît pas, dit un historien de la Chartreuse de Portes, que saint Anthelme ait pris cette voie (1). Pressé d'arriver au

---

(1) Guichenon, supplém. à l'*Hist. de Bresse*. Chron. de la Chartreuse de Portes.

but de sa mission, on croit qu'il a choisi la plus courte
et la plus directe, sur le versant occidental de la
montagne. De ce côté, les dangers étaient encore plus
grands et l'accès bien plus difficile. On ne gravissait
la montagne que par un étroit sentier, qui longeait
des précipices affreux.

Le moindre faux pas pouvait jeter au fond d'un
abîme le voyageur imprudent ou distrait. De noires
et épaisses forêts arrêtaient la marche à chaque instant. Des torrents impétueux roulaient avec fracas
du haut des rochers dans ces gouffres béants. Des
masses de neige et de glace élevaient, en plusieurs
endroits, un rempart infranchissable pour tout homme
qui tient à la vie. Le silence de la solitude n'était
troublé que par le mugissement des ouragans et les
cris effrayants des bêtes féroces.

Ces obstacles n'arrêtent pas notre intrépide voyageur, il avance avec une ardeur que, dans le monde,
on qualifierait de témérité. Mais Anthelme sait qu'il
court ces dangers par ordre de Dieu, en vertu de la
sainte obéissance, et il s'estimerait heureux de mourir en accomplissant un devoir. Enfin, après des efforts
inouïs, il arrive, brisé par la fatigue, et néanmoins
joyeux et content; il se regarde comme bien dédom-
magé par le bonheur de se retrouver au milieu de ses
frères. Ceux-ci l'entourent avec empressement et lui

racontent les détails de la catastrophe(1). Venez plutôt,
lui dit Dom Guigue, comme Madeleine au Sauveur,
voyez ce qui reste de notre chère demeure : *veni et
vide.* D'un coup d'œil Anthelme mesure toute l'étendue
du désastre. La restauration dans ce lieu ne serait pas
impossible, mais elle serait trop longue et trop pénible; on resterait d'ailleurs exposé aux mêmes dangers, et la prudence exige qu'on bâtisse le nouveau
monastère dans une position qui offre plus de sécu-
rité. Après avoir exploré le désert et examiné les différents sites, on choisit comme plus convenable celui
où est aujourd'hui le couvent de la Grande-Chartreuse.

Dès le lendemain on se met à l'œuvre. Notre saint
encourage tout le monde par son exemple ; il se
charge du travail le plus difficile. Ses mains délicates,
qui n'avaient pas été habituées à des travaux de ce
genre, remuent la terre, les pierres et la neige comme

---

(1) Le premier monastère que l'avalanche venait de détruire,
avait été bâti par saint Hugues, pour saint Bruno et ses compagnons;
il était tout près de l'endroit où se trouve aujourd'hui la chapelle de
la sainte Vierge, appelée Notre-Dame *de Casalibus*, à quelques pas
de la chapelle de saint Bruno. On peut encore reconnaître les traces
de l'avalanche, malgré les bois qui ont crû depuis lors sur les
masses détachées. Notes communiquées par la Grande-Chartreuse.
Notes sur la Grande-Chartreuse, par M. Dubois.

celles d'un manœuvre de profession. Il se sert de
la pelle et de la bêche, comme s'il était né dans une
chaumière. Sous une telle impulsion, les déblais et
les nivellements s'opèrent avec une étonnante rapi-
dité. Bientôt les fondations de la nouvelle église et
du cloître sont jetées et les constructions s'élèvent
comme par enchantement. A cette vue, dom Guigue
et toute la communauté sont dans le ravissement; ce
jeune religieux leur apparaît comme un prodige.
C'est un ange, disent-ils, que le Ciel nous envoie; et,
à la satisfaction générale, il est nommé procureur de
la Grande-Chartreuse. C'était en 1138.

CHAPITRE V

ZÈLE D'ANTHELME DANS LES FONCTIONS DE PROCU-
REUR. — IL EST ÉLU PRIEUR DE LA GRANDE-
CHARTREUSE. — IL OBTIENT DES EVÊQUES L'EXEMP-
TION. — RÉUNION DU PREMIER CHAPITRE GÉNÉRAL
DE L'ORDRE. — DÉCISIONS DE CETTE ASSEMBLÉE. —
ANTHELME EST ÉLU GÉNÉRAL DE L'ORDRE. — VIE
D'ANTHELME PENDANT SON GÉNÉRALAT. — IMPULSION
DONNÉE AUX ARTS MÉCANIQUES. — CONSTRUCTIONS.
— SOINS DONNÉS AUX ÉTRANGERS.

Dans les nouvelles fonctions qu'il accepta, par obéissance, car il aurait bien préféré le silence et l'obscurité du cloître, Anthelme redoubla d'activité pour
achever la reconstruction de la maison et lui donner
un plus grand développement. Il s'occupait en même
temps de tous les détails de sa charge. Il faut connaître l'organisation de l'une de ces communautés qui
étaient quelquefois composées d'un très-grand nombre

de religieux, pour apprécier le travail et les soucis de ceux qui sont chargés de leur direction. Approvisionner une grande maison de tout ce qui est nécessaire à la vie, la fournir de meubles, de vêtements, des objets destinés au culte divin, des livres et de tout ce qui est indispensable pour la culture des arts et des sciences ; veiller à la conservation et à l'entretien des bâtiments. Entretenir, dans toutes les parties de l'administration, une sage économie ; s'occuper des pauvres qui affluent toujours à la porte des couvents, leur distribuer des secours de tout genre, s'intéresser plus encore au bien de leur âme qu'à celui de leur corps ; leur donner à propos l'instruction, les bons avis, les consolations dont ils ont besoin. Telles furent les fonctions de notre saint pendant plus de deux années. Mais il les remplissait sans perdre le recueillement intérieur, et sans rien retrancher de ses mortifications et de ses exercices de piété. Toujours uni à Dieu, aussitôt qu'il avait traité avec le monde des devoirs de sa charge, il rentrait dans sa cellule et là, des examens sérieux, des méditations profondes, des macérations impitoyables, le prémunissaient contre les écueils et la dissipation inséparable du gouvernement des affaires temporelles.

Tant de vertu, de sainteté et de talents, persuadèrent tous les religieux qui l'admiraient, que ce jeune profès était appelé à devenir un flambeau de leur Ordre et une colonne de l'édifice de saint Bruno. A peine âgé de trente-trois ans, ils le regardaient comme digne d'occuper le poste élevé de premier supérieur. Dom Guigue était mort après avoir gouverné cette maison pendant trente-sept ans. Il avait été remplacé par Hugues Ier, religieux d'une grande sainteté, mais qui, accablé d'années et d'infirmités, ne se jugea pas capable d'exercer des fonctions si pénibles. Il se démit volontairement de sa charge, après deux ans d'exercice. Avant de rentrer dans le cloître, pour vaquer plus librement à la prière et à la contemplation, il avait témoigné le désir d'être remplacé par Anthelme, le procureur. Son avis était trop conforme au vœu général pour n'être pas adopté. Dans le chapitre, qui fut tenu vers la fin de l'année 1139, Anthelme fut élu à l'unanimité, septième prieur de la Grande-Chartreuse.

Pour l'intelligence des faits qui vont suivre et des changements survenus dans l'existence de notre Saint, il est nécessaire de rappeler une observation importante : jusqu'à l'élection de saint Anthelme, les maisons des Chartreux étaient indépendantes les unes des autres et s'administraient séparément, sous l'autorité des Evêques diocésains. Ce mode de direction entraînait beaucoup d'inconvénients et nuisait essentiellement à l'unité, qui est la vie de toute société. Les supérieurs, liés par l'obéissance à l'autorité ecclésiastique, ne pouvaient s'entendre pour établir l'uniformité entre les différents monastères. Chaque maison devait retenir à perpétuité tous les sujets qui la composaient, quelque fût leur état de santé, leurs aptitudes ou leur caractère. Il n'y avait aucun moyen de remédier à certains abus qui pouvaient s'introduire. Anthelme, comme un habile général d'armée, reconnut de suite que ce défaut d'unité dans le commandement entraînerait tôt ou tard la ruine de son Ordre. Il se hâta d'en faire part à ses confrères les prieurs des autres maisons, puis il adressa, en toute humilité, ses observations aux Evêques qui avaient juridiction sur quelques monastères de Chartreux.

Il faut dire, à la louange de ces illustres pontifes, que tous furent de l'avis d'Anthelme et renoncèrent avec empressement à une autorité qui devenait nuisible à l'Ordre et empêchait son développement. Le premier qui en donna l'exemple fut le vénérable Foulques, archevêque de Lyon (1). Nous trouvons, dans un historien de la Bresse, l'acte même par lequel il se démet de la direction des Chartreuses de Portes et de Meyriat, pour la donner à Anthelme, prieur général. « Nous livrons pour toujours, lui » écrit-il, à vous et à vos successeurs, les maisons de » Portes et de Meyriat, selon leurs vœux et de-

_____

(1) Nous avons tiré tous les détails qui précèdent, des Bollandistes, *Vita s. Anthelmi.*

» mandes, pour le plus grand bien de votre Ordre,
» suivant le décret que votre conseil portera, afin que
» vous les dirigiez (1). » Depuis cette importante
réforme, et par le zèle d'Anthelme, les Chartreuses se
multiplièrent rapidement en France et à l'étranger.
On vit s'élever ces asiles de la pénitence, dans toutes
les parties de l'Italie, en Espagne, en Angleterre, en
Suisse et en Allemagne.

Pour obtenir cette uniformité si désirable, Anthelme assembla un chapitre général où se réunirent
tous les prieurs des monastères. Ce fut le premier de
l'Ordre. On y adopta plusieurs règles importantes et
l'on peut dire même fondamentales. La première fut
l'acceptation des statuts dressés par le bienheureux
Dom Guigue, qui devinrent obligatoires pour toutes
les maisons des Chartreux. La seconde, que tous les
monastères seraient, à l'avenir, soumis à l'autorité du
prieur de la Grande-Chartreuse qui prendrait le titre
de général de l'Ordre. Ce chapitre approuva aussi
l'établissement des Chartreuses de femmes.

Après la décision de cette solennelle assemblée,
on peut dire que saint Anthelme, qui est le septième
prieur de la Grande-Chartreuse, est en vérité le premier général des Chartreux.

Notre Saint, revêtu de cette dignité, ne la regarda

---

(1) Guichenon, *Hist. de Bresse.*

pas comme un honneur qui l'élevait aux yeux du
monde, ou qui devait lui attirer plus de soumission
et de respect de la part de ses religieux ; il ne vit
dans cette élévation qu'un surcroît de charges et de
responsabilité dont il rendrait à Dieu un compte sévère. Pour éviter les rigueurs de ce jugement, qu'il ne
perdait jamais de vue comme saint Jérôme, il passait
les nuits en prière et les jours à sanctifier ses religieux. Avec la douceur du divin modèle, il corrigeait
les abus, relevait les manquements, rétablissait les
points négligés de la règle, sans aigrir, sans froisser
les amours-propres. Il avait pour tous les entrailles
d'un père. Ceux qui étaient dans l'affliction et le dé-
couragement, trouvaient en lui un tendre ami qui
partageait leurs peines, un guide dans leurs incerti-
tudes, un soutien dans leurs défaillances et un modèle
dans la pratique de toutes les vertus. Il veillait à tous
les besoins de l'âme et du corps. Depuis son élévation au généralat, ses soins ne se bornaient plus aux
quelques religieux qui l'entouraient à la Grande-
Chartreuse, sa sollicitude s'étendait à tous les monastères de l'Ordre ; il pouvait dire, comme saint Paul :
ma sollicitude de tous les jours s'étend à toutes les
églises (1). Il s'informait, se faisait rendre compte

---

(1) Instantia mea quotidiana, sollicitudo omnium ecclesiarum.
2ᵉ ad corint, c. 11.

souvent de l'état de chacun des sujets des différentes maisons. Il les suivait, s'en occupait, comme s'ils étaient près de lui. Aussi tous l'aimaient et se félicitaient de l'avoir pour supérieur ; parce qu'il était vraiment l'œil de l'aveugle, le bras de l'infirme et le pied du boiteux.

Le progrès spirituel de l'ordre ne lui faisait pas négliger les intérêts temporels. Les saints ont des lumières qui les rendent aptes à tout ce qui est bien, *pietas ad omnia utilis est* (1). Pendant son généralat, Anthelme étendit les limites du désert : il fit défricher des forêts qui lui furent concédées ; il créa de vastes prairies, qui permirent de tenir de plus nombreux troupeaux ; il établit des aqueducs pour amener au couvent des eaux limpides et abondantes ; il ajouta de nouvelles constructions aux anciennes et les fit entourer d'un mur de clôture. Les gens du monde, qui accusent les Ordres religieux contemplatifs de mener sur la terre une vie oisive et inutile à la société, devraient visiter les travaux immenses exécutés dans chaque siècle par la main de ces religieux ; apprécier tout ce qu'il a fallu de peines, de dangers et de persévérance pour trancher ces rochers à des hauteurs prodigieuses ; pour amener à pied d'œuvre

_____

(1) 1ᵃ ad Thimot., c. 4

ces blocs énormes employés dans les constructions ;
pour mettre en chantier ces pièces de bois qui font
l'admiration des étrangers, et, tout cela, à force de
bras, sans le secours de ces engins inventés depuis
lors. Il serait difficile de compter combien d'hommes
ont succombé à ces rudes travaux, et combien peut-
être ont péri par accident. Au point de vue terrestre,
et sous l'empire de nos idées matérielles, nous nous
sentons émus, en pensant que ces travaux gigantes-
ques ont épuisé les forces et abrégé la vie d'un bon
nombre de jeunes anachorètes. Mais le Chartreux en
juge bien différemment. Il sait que le jour de sa
mort est le jour de son triomphe; il quitte la vie
sans regret, parce que son cœur est depuis longtemps au Ciel.

Tous les religieux ne pouvaient cependant pas être
bûcherons, mineurs ou artisans. Il y a dans une
nombreuse communauté des aptitudes et des talents
divers. Notre saint, avec son coup d'œil d'aigle et son
jugement exercé, voyait promptement le parti que
l'on pouvait tirer de chacun des sujets qui venaient
se placer sous sa direction. Pour occuper tous les
bras, il donna un vigoureux essor aux arts et aux
sciences mécaniques. Ainsi, à la Chartreuse, on travaillait le fer, l'acier, le bois, le cuir; on y voyait
des imprimeries, des tourneries, des ateliers de me-
nuisiers, de charrons, de corroyeurs, de taillandiers,
de tissiers. Les religieux plus versés dans la littéra-

ture et les lettres, étaient occupés à copier des livres pour les autres monastères. Ceux qui avaient une instruction plus élevée, écrivaient, composaient des ouvrages dont plusieurs sont très-estimés. Nous pourrions en citer un bon nombre, tels que Denys le Chartreux, appelé le docteur extatique et avec lui saint Bruno, Molina, dom Martin et plusieurs autres dont les noms figurent dans la liste des théologiens et des casuistes les plus appréciés. Tous ces travaux avaient pour but de procurer aux maisons les choses nécessaires, mais ils étaient, surtout pour les pauvres, une source inépuisable de richesses. A l'exemple de ses prédécesseurs, Anthelme donnait, donnait toujours. Le sein des pauvres, disait-il, est une terre promise qui rend au centuple ce qu'on lui confie. Jamais un malheureux ne recourait à lui sans être soulagé. Cette charité traditionnelle des fils de saint Bruno s'est perpétuée jusqu'à nos jours, et, entendant les bénédictions de tant de milliers de pauvres, on serait porté à croire que tous les successeurs de saint Anthelme ont reçu comme lui le don de la multiplication des grains.

Les étrangers qui venaient visiter la Chartreuse, excitaient aussi son zèle et son ardente charité. Il savait qu'au milieu de la corruption du siècle, Dieu a encore ses élus; la grâce qui les poursuit les amène, quelquefois, sous un prétexte tout frivole, dans un lieu où elle les vaincra, comme Paul sur le chemin de Damas. Il en était lui-même un frappant exemple. L'expérience lui avait appris que souvent il faut commencer par soigner le corps, pour arriver à l'âme, Dans cette persuasion, il n'est pas de soins et de prévenances qu'il ne prodigua à ses visiteurs. Après les avoir entourés des attentions les plus délicates et gagné leur confiance, il leur adresssait quelques bonnes paroles de salut; il leur parlait surtout de la bonté de Dieu et de ses grandes miséricordes. Ces consolantes pensées, exprimées avec onction et unies à l'ascendant que lui donnaient son rang et sa réputation de sainteté, étaient comme une semence précieuse qui fermentait dans ces âmes, les faisait réfléchir et les ferventes prières du saint achevaient de les gagner à Dieu. C'est ainsi qu'il eut la consolation de conquérir l'illustre Guillaume, comte de Nevers, et plus tard son propre père, Ardouin de Chignin, et deux de ses frères qui renoncèrent au monde pour le suivre dans le désert (1).

---

(1) Les Bollandistes, vit. s. Anthelm. Extrait des pièces inédites de la Grande-Chartreuse. *Vie de saint Ant.*, par Mgr Dépéry.

CHAPITRE VI

ANTHELME EST SOUMIS A UNE GRANDE ÉPREUVE. —
SON INNOCENCE EST RECONNUE. — IL SE DÉMET DU
GÉNÉRALAT. — IL EST APPELÉ A LA CHARTREUSE DE
PORTES POUR REMPLACER DOM BERNARD DE VARIN.
— IL DISTRIBUE EN BONNES ŒUVRES LES RICHESSES
DU MONASTÈRE. — PREMIER MIRACLE DE SAINT
ANTHELME.

L'esprit de ténèbres ne pouvait voir sans un furieux
dépit, tant d'âmes échapper à ses piéges; les déserts
se peuplaient d'anachorètes; tous les jours, quelques
malheureuses victimes de la séduction du monde,
fuyaient la contagion des villes, pour respirer l'air
salutaire et pur des solitudes.

Anthelme était le principal auteur de ces défaites
humiliantes. Comme il était trop difficile de vaincre
ce formidable adversaire, il fallait l'éloigner ou l'af-
faiblir, en jetant la discorde dans son camp. Voici

l'événement qui occasionna à notre saint une des plus sensibles épreuves de sa vie (1).

L'évêque de Grenoble venait de mourir ; de graves discussions et de funestes divisions s'élevèrent au sujet de son successeur. Le nouvel élu, comme le Pontife défunt, appartenant à l'ordre des Chartreux, ceux-ci crurent devoir prendre part à ces démêlés. Une regrettable scission eut lieu dans le monastère. Anthelme employa tous les moyens de persuasion et fit tous les efforts possibles pour l'empêcher, mais il eut la douleur de voir son zèle échouer contre des natures rebelles et intraitables. Quelques religieux, séduits par la perspective de l'indépendance, sortirent du monastère, et, pour atténuer aux yeux du monde le scandale de leur fuite, ces malheureux osèrent accuser leur Général auprès du pape Eugène III. Le Souverain Pontife, mal informé, crut un moment que les plaintes de sévérité excessive portées contre Anthelme étaient fondées. Il lui adressa même à ce sujet de pénibles reproches.

Notre saint supporta cette dure épreuve sans se plaindre ; mais Dieu qui ne permet pas que l'injustice triomphe longtemps, inspira à son ami Bernard de Clairvaux, de prendre sa défense. Cet illustre docteur

---

(1) Vie de saint Anthelme déjà citée plus haut. Les Bolland. *ibid*.

qui aimait Anthelme et qui portait le plus vif intérêt
à l'ordre des Chartreux, s'empressa d'écrire au chef
de l'Eglise, pour lui faire connaître la vérité. Dans
cette lettre, après avoir parlé des éminentes vertus
du Général des Chartreux, il dévoile et flétrit la conduite des calomniateurs, puis il s'écrie : « les Char-
» treux ont senti du trouble, ils ont été agités et
» chancelants comme un homme ivre.... Voilà, Sei-
» gneur, l'ouvrage de l'ennemi; il espère dévorer toute
» leur sainteté. Ce serait pour lui, comme vous le
» savez, une délicieuse nourriture (1). »

L'innocence d'Anthelme fut bientôt reconnue; tous
ses détracteurs lui firent amende honorable, et son
autorité, qui avait été ébranlée par cet orage, se releva
plus affermie et décorée du fleuron de la persécution.

Mais ce fut précisément cet accroissement de considération et d'influence qui alarma le vénérable Général. Il crut y découvrir un grand danger pour son
salut et un point vulnérable aux traits de l'ennemi. Il
avait, d'ailleurs, toujours préféré l'humble condition du
simple religieux qui se sanctifie par l'obéissance, à
celle du supérieur qui commande.

---

(1) Le Souverain Pontife Eugène III, avait été disciple de saint
Bernard, à Clairvaux. On trouve cette lettre dans la collection de
celles qu'il écrivit à ce Souverain Pontife, pour l'aider de ses conseils,
dans le gouvernement de l'Eglise.

Il supplia donc ses frères de le décharger du Généralat, ce qu'ils firent avec beaucoup de peine, et
comme par charité. Anthelme avait exercé les fonctions
de Prieur général pendant douze ans, il lui tardait de
se décharger de la sollicitude des affaires temporelles,
pour ne s'occuper que de sa sanctification. Combien
de fois, dans ces années où il était accablé par le souci
des choses terrestres, il s'était pris à regretter sa
première cellule et le temps si calme et si doux de
son noviciat !

Ce n'est pas qu'il perdît jamais de vue la pensée de
Dieu, il était persuadé que la vie intérieure était l'âme
de la vie extérieure, et que celui qui dépense beaucoup dans le gouvernement des choses de ce monde,
doit puiser beaucoup dans ses communications avec
l'auteur des lumières.

Redevenu simple religieux, il bénissait le Ciel de
cette faveur. Il se hâta de reprendre tous ses exercices et se mit à observer la règle comme le plus fer-
vent des novices. Son successeur, Basile de Bourgogne,
l'appelait souvent à ses conseils, pour profiter de sa
sagesse et de son expérience ; il donnait alors son
avis avec modestie et rentrait au plus tôt dans sa solitude.

Notre saint commençait à peine à goûter les douceurs de l'obéissance, que la volonté divine l'appelle
de nouveau à commander. Dom Bernard de Varin,
prieur de Portes, était chargé d'années et d'infirmités ;

il se sentait faiblir sous le poids de sa charge, et, après une si longue administration, il désirait avoir quelques jours pour se préparer à aller en rendre compte au souverain juge. Anthelme n'avait pas oublié tout ce qu'il devait à ce saint vieillard ; c'est à ses conseils et à ses prières, qu'il attribuait la grâce d'avoir renoncé au monde et choisi la solitude. C'est lui qui avait affermi sa vocation et guidé ses premiers pas dans la vie monastique.

C'est à son école, et pour ainsi dire sous le souffle brûlant de sa charité, qu'il avait appris à aimer Dieu, à souffrir pour lui et à donner sa vie pour le salut des âmes. Anthelme avait gravé dans son cœur tous ces titres de reconnaissance, et lorsque l'auguste vieillard lui écrivit pour le supplier de venir le remplacer, malgré toute la peine qu'il éprouvait de sortir de son humble position, il n'eut pas le courage de refuser (1).

Arrivé à Portes, notre saint espérait que Dom Bernard pourrait encore l'aider longtemps de ses sages conseils ; mais, peu de temps après, il eut la douleur de lui fermer les yeux. Il fut quelque peu consolé de cette perte, en retrouvant dans la maison plusieurs anciens religieux, dont la vie exemplaire lui avait servi

---

(1) Les Bollandistes et la notice sur la Chartreuse de Portes, déjà citée.

de modèle. Il les regardait comme ses maîtres et il se sentait humilié d'être devenu leur Supérieur.

La sage économie de Dom Bernard de Varin et les dotations de plusieurs bienfaiteurs avaient accumulé dans ce monastère des richesses considérables.

Le premier usage qu'Anthelme fit de son autorité fut d'en envoyer une partie aux autres Chartreuses qui étaient dans le besoin. Il fit ensuite don, aux pauvres églises du voisinage, de vases sacrés, d'ornements et de sommes d'argent pour les réparer. Les pauvres eurent, après cela, leur bonne part.

Vers la fin de cette même année, la divine providence lui fournit l'occasion d'exercer encore plus au loin, son inépuisable charité. Une sècheresse prolongée, accompagnée de grêles et de tempêtes, avait anéanti les récoltes de ce malheureux pays. La misère était générale dans le Bugey, et plus grande encore dans les montagnes voisines du monastère de Portes. La famine commençait à se faire sentir avec toutes ses horreurs. Les populations étaient plongées dans le désespoir.

A cette vue Anthelme, pénétré de douleur et de compassion, prend le parti de se dépouiller de tout pour soulager tant de malheureux. Il ne s'inquiète pas même de garder le nécessaire pour la nourriture de ses religieux. — Donnez, dit-il au Procureur, donnez tout ce qu'il y a dans la maison, la providence s'est chargée de nous nourrir.

Lorsque arriva le moment d'ensemencer les terres, il n'y avait plus de blé dans les greniers du pays ; les laboureurs avaient consommé toute leur réserve, pour ne pas mourir de faim. La perspective d'une année encore plus terrible que la précédente se présentait à leurs yeux. Hélas ! on n'a pas l'espoir de récolter, si l'on ne sème pas. Dans cette extrémité, Anthelme compte encore sur la bonté de celui qui nourrit les oiseaux du ciel ; il ordonne au Procureur de distribuer aux indigents le peu de grains qui reste dans la maison.

Les moins pauvres offrent de le restituer à la moisson, le plus grand nombre n'espère pas pouvoir le faire, tous, néanmoins, reçoivent une part proportionnée à leurs besoins. Le bruit de ces distributions se répand dans les pays voisins, les pauvres accourent en foule de toutes parts ; mais on vient dire au Prieur que le grenier est épuisé et qu'il n'y a bientôt plus rien. — Donnez tout, répondit-il, jusqu'au dernier grain. Le père Procureur vient enfin lui affirmer que tout est donné et qu'il y a encore un grand nombre de nécessiteux qui n'ont rien reçu. — Allez donc, continue le saint, et distribuez toujours. Le Procureur, hésitant, se fait répéter deux fois le même ordre avant d'obéir, parce qu'il sait qu'il ne reste plus rien à donner. Il va, néanmoins, en vertu de la sainte obéissance.

Mais quelle n'est pas sa surprise, en voyant les greniers regorger de grains de la plus belle espèce ; il y en avait pour donner à tous les pauvres.

Ce prodige, rapporté par plusieurs historiens, a été attesté par un grand nombre de témoins, ceux surtout qui jouirent du bienfait, et le nombre en était grand, le publièrent partout. On dit même que cette semence miraculeuse fructifia au centuple et produisit partout une moisson abondante (1). Anthelme, pénétré de cette foi vive qui transporte les montagnes et confiant dans la promesse du Sauveur, obtint encore quelques années plus tard, la même grâce en faveur de ses pauvres bien-aimés (2). Ils étaient l'objet principal de sa sollicitude, il voulait qu'on fît l'aumône à tous et il se serait reproché d'avoir lui-même le suffisant, s'il avait appris que quelques nécessiteux manquaient de pain. C'était par le moyen de ces secours accordés, même aux familles les moins chrétiennes, qu'il parvenait à toucher les cœurs les plus durs. En soulageant les corps, il pénétrait jusqu'aux âmes.

Il profitait de ces distributions pour les instruire, pour leur prouver par ces bienfaits mêmes, la bonté

---

(1) Ce miracle, rapporté par Guichenon dans la chronique de la Chartreuse de Portes, est attesté par la tradition générale de la Bresse et du Bugey. On ne trouve pas dans ce pays une personne qui en conteste l'authenticité.

(2) Ce miracle et celui de l'année de disette, en 1178, sont rapportés dans l'*Abrégé de la vie de saint Anthelme*, par Mgr Dépéry, page 45.

de la divine providence envers eux, et il avait ordinairement la consolation de les ramener à Dieu. Son ascendant sur les pécheurs était devenu irrésistible. Le
trait suivant fait ressortir, encore avec plus d'éclat,
la générosité de cette grande âme.

CHAPITRE VII

SURPRISE ET MASSACRES DE LYON PAR LE COMTE DE FOREZ. — L'ACHEVÊQUE ET SON CLERGÉ SE RÉFUGIENT A PORTES. — ACCUEIL QUE LEUR FAIT ANTHELME, INSISTANCE QU'IL MET A LES RETENIR. — ANTHELME SE DÉMET DE SA CHARGE DE PRIEUR. — SON BONHEUR EN RENTRANT DANS SA CELLULE. — SCHISME DANS L'ÉGLISE. — EFFORTS D'ANTHELME POUR LE COMBATTRE. — VISITE DU ROI DE FRANCE.

Après les distributions extraordinaires qu'Anthelme venait de faire, pendant l'année de disette, la maison de Portes était épuisée. Les religieux s'étaient même imposés de dures privations pour nourrir les pauvres; les greniers étaient vides et tout l'argent avait été dépensé. Cependant il se présente une grande infortune à secourir, et des besoins pressants à soulager. Que fera le saint Prieur? Avec cette confiance absolue dans celui qui tient dans ses mains tous les trésors, il n'hésitera pas un instant.

L'empereur Frédéric Barberousse venait de ravager l'Italie et d'humilier Rome par ses exigences tyranniques. Avant de rentrer dans sa capitale, il voulut visiter la partie des Gaules soumise à son vaste empire. Pendant qu'il était à Arbois, en Bourgogne, l'archevêque de Lyon, Héraclius de Montboisier, vint lui rendre hommage. Le césar allemand fut si flatté de cette démarche que, pour lui en témoigner sa satisfaction, il lui donna l'investiture du temporel de son église de Lyon et lui en confirma la souveraineté. A cette nouvelle, le comte de Forez, Gui II, qui prétendait que le comtat de Lyon était une propriété de sa famille, entra dans un accès indicible de fureur et jura de s'en venger. Il réunit à la hâte son armée et arrive à l'improviste sur Lyon sans défense. Ses soldats, animés de la rage de leur maître, mettent la ville à feu et à sang et font un horrible carnage de tout ce qui ose résister. Le comte avait donné l'ordre de n'épargner aucun membre du clergé et d'incendier tous les édifices religieux; cet ordre fut impitoyablement exécuté, après le pillage de la ville. Héraclius, qui savait que Gui II l'avait particulièrement désigné pour une des premières victimes de sa vengeance, se hâta de fuir avec un bon nombre de prêtres et plusieurs magistrats. Après avoir erré quelque temps dans les campagnes voisines, ils se dirigèrent vers la Chartreuse de Portes pour y trouver un refuge.

Anthelme accueillit ces illustres fugitifs avec toute

la bonté et la distinction que méritaient leur rang et
et leur malheur. Il les combla de soins et des attentions les plus délicates ; mais comme à raison de leur
grand nombre, ils refusaient de prolonger indéfini-
ment leur séjour, le charitable Prieur insista vivement
pour les retenir et détruire la crainte qu'ils avaient
de manquer de discrétion ; il leur adressa ces admi-
rables paroles où la délicatesse de l'esprit rivalise
avec la générosité du cœur.

« O mes seigneurs, leur dit-il, il ne convient pas à
» des personnes de votre rang de vivre errants et
» vagabonds dans le monde. C'est pour nous un bon-
» heur de vous offrir à tous l'hospitalité. Demeurez
» ici tant que cela sera nécessaire, et vous pouvez
» compter sur notre dévouement à vous donner
» tous les soins possibles. » Ils cédèrent à tant de
preuves de bonté et Anthelme les défraya pendant
plusieurs mois, jusqu'à ce que, par un événement
providentiel, le comte de Forez fut chassé de Lyon
et que l'archevêque put rentrer dans sa ville épiscopale (1).

Il y avait à peine deux ans qu'Anthelme était
prieur de Portes, et déjà il soupirait après le bonheur

---

(1) Les Bollandistes, *Vit. s. Anth.* — Guichenon, *Hist. de Bresse,*
et tous les historiens de cette époque racontent les événements dont
nous parlons.

de redevenir simple religieux. L'obéissance et une vie solitaire étaient les seules faveurs qu'il ambitionnait. Les fonctions de sa charge occupaient toutes ses journées et ne lui laissaient pas assez de temps pour vaquer à la prière. D'un autre côté, la grande célébrité que tous ces événements attachaient à son nom, était pour son humilité une trop forte épreuve. Il voulait vivre éloigné du monde. Il se démit donc de son emploi et retourna à la Grande-Chartreuse. C'était en 1155.

Il serait difficile d'exprimer toute la joie qu'il éprouva en rentrant dans sa chère cellule. Il lui semblait que ces murs, témoins de tant de douces extases et de ses tendres communications avec Dieu, se réjouissaient avec lui et allaient lui promettre que jamais il ne s'en séparerait. Il reprit immédiatement ses prières, ses contemplations et ses pénitences. Le monde et les affaires temporelles ont fui loin de lui, cette multitude de choses plus ou moins importantes qui l'ont occupé dans ses différentes gestions, ne lui reviennent plus que comme des songes. Il jouit, enfin, de cette paix si désirée, et il se promet d'en profiter pour se donner à Dieu avec plus de ferveur que jamais.

Anthelme venait à peine d'arrêter son nouveau plan de vie, lorsqu'une nouvelle terrible, effrayante, vient porter le trouble et la désolation dans son âme. Il ne s'agit plus d'un scandale isolé, ou de

quelques malheureuses défections ; c'est l'Eglise elle-
même qui est ébranlée dans son fondement. Le Souverain Pontife, Adrien IV, venait de mourir, les cardinaux, le clergé et le peuple romain avaient choisi,
pour lui succéder, un modeste chancelier de l'Eglise
romaine qui fut proclamé sous le nom d'Alexandre
III. Mais l'ambitieux Frédéric Barberousse, qui avait
la prétention de commander à tout l'ancien Empire
romain, repoussa l'élection d'Alexandre et voulut faire
nommer un pape favorable à ses projets. Il choisit
pour cela un ambitieux comme lui, nommé Octavien,
qui fut élu par deux cardinaux seulement et quelques
prélats gagnés par de riches présents. Il fut proclamé
sous le nom de Victor IV. Ces deux élections, dont
une avait été faite selon toutes les règles établies
dans l'Eglise et l'autre arrachée par les menaces et
entachée de corruption, jetèrent un trouble inexpri-
mable dans le monde catholique. Frédéric soutenait
son favori par la force des armes et par des actes
inouïs de tyrannie. Il jetait dans les fers ou chassait
de leurs siéges les évêques qui refusaient de reconnaître l'antipape ; il exerçait des cruautés révoltantes
envers les villes rebelles à ses ordres. Ainsi, Milan et
plusieurs autres cités furent ravagées et mises au pillage.

Dans son délire, le césar allemand menaçait la
chrétienté tout entière. C'était le roi de Babylone
avec sa statue d'or.

Sous l'empire de ces violences, et par le moyen de

mille ruses employées pour séduire les faibles et les
ignorants, le schisme s'étendait et faisait des progrès
alarmants, en Italie et en Allemagne. En apprenant
ces tristes nouvelles, Anthelme se lève comme un
athlète qui se prépare à la lutte. Aidé de Géoffroy,
abbé d'Haute-Combe, il se hâte d'écrire aux prieurs des
nombreuses maisons de son Ordre, pour les prévenir
du scandale et des moyens employés pour le propa-
ger. Géoffroy agit de même auprès des Cisterciens.
Tous deux s'adressent ensuite aux évêques, au clergé
de France, d'Angleterre et d'Espagne. Ils parcourent
les villes et les campagnes pour prémunir les fidèles
contre la séduction et bientôt l'Eglise universelle est
instruite des supercheries de Barberousse et de la
nullité de l'élection d'Octavien. Celui-ci, furieux des
succès d'Anthelme et de Géoffroy, les frappe d'excommunication ; mais ils savaient quel cas ils devaient
faire de cette prétendue censure. Enfin, par les ordres
d'Alexandre III, un concile, composé de plus de cent
évêques et honoré de la présence de deux rois, celui
de France et celui d'Angleterre, est assemblé à Toulouse. L'antipape Victor IV y est condamné avec ses
adhérents, et Alexandre III proclamé solennellement
chef de l'Eglise (1).

---

(1) Tous les détails qui précèdent et ceux qui suivent sont tirés
des Bollandistes, *vita s. Anthel. mense junio*

Par son courage et sa prodigieuse activité, Anthelme avait préservé l'Eglise d'un cruel déchirement et puissamment contribué à ramener la paix, dans une société profondément divisée par le schisme et les factions. Les pères du concile de Toulouse, en reconnaissance de l'immense service que notre Saint venait de rendre à l'Eglise, lui déléguèrent plusieurs de leurs pontifes, pour lui exprimer l'estime et la gratitude de l'auguste assemblée. Le roi de France lui-même, Louis VII, à son retour du concile, voulut voir ce saint et savant religieux dont on lui avait dit des choses si merveilleuses. Il tenait à le féliciter lui-même du zèle qu'il avait mis à défendre les intérêts de la religion. Malgré la difficulté de l'abord et du danger des routes, il se décida à monter à la Grande-Chartreuse.

Quel spectacle pour le monde, que celui d'un des plus grands princes de la terre, gravissant avec sa brillante cour les âpres sentiers d'une montagne, pour aller chercher, au milieu des forêts sauvages, un humble religieux qui ne désirait que l'obscurité et l'oubli ! On éprouve un sentiment indéfinissable, en voyant un roi de France entrer dans la pauvre cellule d'un Chartreux, pour lui témoigner sa bienveillance et se recommander à ses prières.

Louis-le-Jeune, après son entretien avec Anthelme, se retira plein d'admiration ; il ne cessait de répéter que les éloges qu'on lui avait fait du mérite et des

E

vertus de ce religieux étaient bien au-dessous de ce qu'il avait vu et entendu lui-même.

Anthelme reçut cette brillante visite, sans émotion comme sans orgueil; habitué à contempler les perfections divines, il ne voyait de vraiment grand que Dieu seul. Toutes les puissances de la terre ne lui paraissaient que des atomes devant cette infinie majesté. Cependant il témoigna au roi sa profonde reconnaissance, et lui donna d'utiles conseils pour le salut de son âme.

Cette visite de Louis VII ne fut pas la seule que reçut notre Saint; on aurait dit que tout ce qu'il y avait de grand et d'illustre, à cette époque, voulait imiter le monarque. Les montagnes de la Grande-Chartreuse furent envahies par une foule de pèlerins, qui bravaient les neiges et les frimas pour avoir le bonheur de contempler celui qu'on appelait le bienfaiteur des peuples, et de recueillir de ses lèvres quelques paroles de salut.

CHAPITRE VIII

MORT DE PONCE III, ÉVÊQUE DE BELLEY. — INTRIGUES ET DISCUSSIONS AU SUJET DE SON SUCCESSEUR. — LE PAPE ANNULE LES DEUX PREMIÈRES ÉLECTIONS. — ANTHELME EST CHOISI PAR LE CHAPITRE, A L'UNANIMITÉ DES VOIX. — DIFFICULTÉS ET OBJECTIONS QU'IL OPPOSE. — LE PAPE LUI ORDONNE D'OBÉIR ET LE SACRE LUI-MÊME.

Malgré tout le zèle des saints et des grands hommes qui illustraient l'Eglise à cette époque, le schisme n'était pas entièrement éteint, et le bon ordre n'était pas encore établi partout. A la faveur des guerres et des troubles, de graves abus s'étaient glissés jusque dans le sanctuaire.

Les souverains et les seigneurs s'étaient emparés des plus riches bénéfices, et en disposaient pour récompenser leurs créatures. Le clergé, en perdant le recueillement et l'amour du travail, s'était laissé envahir par

les idées et les goûts du monde. De là, comme on
peut le supposer, de grands désordres et des plaies
profondes. Les chefs de l'Eglise déployaient un zèle
admirable pour remédier à tous ces maux; leurs efforts
avaient obtenu de consolants résultats; mais il restait
encore bien des blessures à cicatriser. Un édifice est
bientôt renversé, mais on le relève lentement.

Ce fut dans ces circonstances difficiles que l'Eglise
de Belley eut le malheur de perdre son vénérable
évêque, l'illustre Ponce III, que tous ses diocésains
pleuraient comme un père. Le clergé de cette ville
était divisé sur le choix de son successeur; une partie
du Chapitre avait jeté ses vues sur un jeune seigneur,
parent d'Anthelme, et l'avait déjà mis en possession
du palais épiscopal. L'autre partie du clergé avait
choisi un religieux et faisait soutenir son élection
auprès du Souverain Pontife, alors en France, par un
nommé Sigibon, qui en imposait à tout le monde par
sa loquacité et ses ruses. Cet intrigant avait réussi,
par ses manœuvres et ses belles paroles, à se rendre
favorable une grande partie de la cour pontificale.

Mais Alexandre III, mieux inspiré et voyant que
dans toutes ces agitations il n'y avait que des vues
humaines, rejeta et déclara nulles ces deux élections.
Le Chapitre de Belley continua ses délibérations, et
on était encore loin de s'entendre, lorsqu'un des membres, comme inspiré de Dieu, eut l'idée de proposer
Anthelme, le grand anachorète de la Chartreuse.

Tout le monde connaissait déjà sa sainteté, sa science et sa grande charité. A ce nom, toute l'assemblée se lève en applaudissant et proclame, à l'unanimité, Anthelme évêque de Belley. Le parent même du Saint, qui avait été élu de prime abord par les membres les plus influents du Chapitre, s'unit avec empressement à ses confrères pour approuver cet heureux choix.

Cette élection fut accueilie, dans la ville de Belley et dans le diocèse, par des transports de joie ; on la regardait comme un miracle et une grande faveur du Ciel. Mais, comme on connaissait l'humilité du Saint et son goût prononcé pour la solitude, on craignait de ne pouvoir vaincre sa résistance. On prit alors le parti de s'adresser directement au Souverain Pontife et de le prier d'user de son autorité suprême, si Anthelme s'obstinait à refuser la dignité qui lui était offerte.

Alexandre III éprouva une vive satisfaction à l'annonce de ce dernier choix, se félicita d'avoir rejeté les deux autres et se prêta avec empressement à la demande des députés de Belley. Il écrivit à Anthelme pour lui ordonner, au nom de l'obéissance due au Saint Siége Apostolique, d'accepter la charge d'évêque de Belley, et, en même temps, il obligea le Prieur et le Chapitre de la Grande-Chartreuse, de le livrer aux députés porteurs de ces lettres, et, dans le cas où il s'obstinerait à refuser, de l'y contraindre en vertu de la sainte obéissance.

Notre Saint fut comme atterré par cette nouvelle; la dignité épiscopale lui parut un fardeau si redoutable, qu'il se serait regardé comme coupable de la plus grande témérité, s'il avait oser l'accepter. Il était persuadé qu'on avait trompé le Souverain Pontife sur ses prétendus mérites, et qu'il était indigne de cet honneur. Dans son trouble, et pour éviter d'inutiles sollicitations, il prit le parti de se dérober et de fuir. Mais Dieu, qui depuis longtemps préparait son serviteur à la grande tâche qu'il voulait lui imposer et qui réservait ce bon pasteur à un diocèse qu'il voulait favoriser, ne permit pas que l'humilité d'Anthelme contrariât ses desseins de miséricorde.

Voici comment l'abbé Fleury, dans son histoire ecclésiastique, livre 70, raconte cet épisode de la vie du saint évêque de Belley. Nous le citons textuellement :

« Anthelme s'était réfugié dans un endroit obscur de
» la maison, où il se croyait en sûreté; mais les Char-
» treux cherchèrent si bien qu'ils le trouvèrent, et,
» l'ayant amené avec bien de la peine à la communauté
» assemblée, ils lui exposèrent l'ordre du Pape et lui
» montrèrent ses lettres. Le Prieur y ajouta son com-
» mandement, les religieux leurs exhortations, les
» députés leurs prières, au nom de toute l'Eglise de
» Belley. Mais Anthelme demeura ferme à refuser,
» protestant qu'il ne sortirait jamais de son désert.

» Enfin, par un pieux artifice, on lui proposa le choix

» ou d'obéir au Pape et d'accepter, ou d'aller trouver
» le Pape lui-même qui, connaissant sa résolution,
» ne lui ferait pas violence. Flatté de cette espérance,
» il se mit en chemin ; mais les députés se gardèrent
» bien de le quitter.

» Quand il fut arrivé auprès du Pape Alexandre,
» qui était alors à Bourges, il en fut reçu avec hon-
» neur ainsi que de toute sa cour, car on le connais-
» sait pour un homme d'un rare mérite, et pour un
» religieux d'une grande sagesse et d'une éminente
» piété. Lorsqu'il eut audience du Pape, il lui dit
» qu'il n'était venu que pour lui demander une grâce,
» et le prier de ne pas le contraindre à faire ce qui
» n'était avantageux, ni à lui-même, ni à l'Eglise qui
» le demandait ; qu'il était un ignorant, un homme
» sans expérience, un misérable ; enfin, qu'il avait fait
» vœu de ne point sortir de son désert.

Le Pape lui répondit : « Mon fils, ne prétendez pas
» nous en imposer par de mauvaises excuses, nous
» connaissons vos talents ; pourquoi vous découragez-
» vous ? Dans votre profession religieuse, n'avez-vous
» pas promis de renoncer à vous-même et de suivre
» le divin modèle ? Refuser l'obéissance, c'est comme
» immoler aux idoles, dit l'Ecriture. Il faut donc re-
» noncer à votre propre volonté et vous soumettre,
» car je ne me dédirai jamais ; ce que j'ai écrit est
» écrit. »

Anthelme, confondu par ces paroles, inclina humblement la tête et n'opposa plus de résistance. Il fut sacré par le Souverain Pontife lui-même, le jour de la Nativité de la sainte Vierge de l'année 1163.

Alexandre le retint auprès de lui quelques jours après son sacre, et comme les prélats de la cour pontificale tenaient chaque jour entre eux des conférences, sur divers sujets religieux, Anthelme fut invité à y assister. Il écoutait avec modestie, et, lorsqu'on lui demandait son avis, il parlait avec tant d'onction et citait les passages de la sainte Ecriture avec tant d'à-propos, que tous les prélats en étaient émerveillés. Non, disaient-ils, Anthelme n'est pas si ignorant qu'il voulait nous le faire croire ; c'est un homme plein de prudence et très-instruit dans la science sacrée. Enfin, le nouvel évêque, après avoir reçu les derniers avis du Souverain Pontife, qui le combla de présents, prit congé de Sa Sainteté et partit pour son diocèse.

CHAPITRE IX

─────

ANTHELME VA PRENDRE POSSESSION DE SON SIÉGE. —
RÉCEPTION QUI LUI EST FAITE. — SON INTÉRIEUR
ET SES RAPPORTS AVEC LE MONDE. — IL RÉUNIT
SON CLERGÉ EN ASSEMBLÉE GÉNÉRALE. — LES AVIS
QU'IL DONNE ET LE BIEN QUI EN RÉSULTE. —
VISITES PASTORALES. — IL GUÉRIT UN HOMME
BLESSÉ PAR UN SERPENT. — SES VISITES A LA
GRANDE-CHARTREUSE.

─────

Depuis le jour où notre Saint reçut l'onction épiscopale, les encouragements du Souverain Pontife et les
grâces extraordinaires dont Dieu le combla, dissi-
pèrent les craintes excessives qui l'avaient saisi à la
nouvelle de sa promotion. Comme les Apôtres, avant
la descente de l'Esprit-Saint, il tremblait à la vue du
redoutable fardeau qu'on voulait lui imposer. Mais à
cette heure, enflammé du même zèle, brûlant du

désir de gagner des âmes à J. C., il ne soupire qu'après le moment où il pourra travailler au salut des fidèles qui lui sont confiés. Il se hâte de quitter Bourges, et, toujours accompagné de ses fidèles députés, il se dirige sans retard vers ce diocèse qu'il a beaucoup aimé, mais qu'il chérira bien plus à l'avenir, puisque cette église de Belley est devenue son épouse.

Aussitôt que la nouvelle de son arrivée fut répandue dans la ville et dans le diocèse, ce fut un élan de joie universelle ; tout le monde veut aller au-devant du saint pontife. On voit accourir des campagnes les plus éloignées une foule de fidèles qui se dirige vers les routes où il doit passer. Tous veulent voir le nouvel évêque et recevoir ses premières bénédictions.

Rien ne serait plus touchant que d'entendre, si cela était possible, la conversation des divers groupes de cette immense affluence. Au milieu de cette foule, il y avait sans doute encore un grand nombre de ceux qui l'avaient connu prévôt du chapitre de Belley et prieur de Portes. On se ressouvenait de sa modestie, de sa piété et de ses nombreuses aumônes ; et ceux qui avaient traversé la terrible année de la grande disette, rappelaient avec une vive émotion le miracle de la multiplication des grains et la charité sans bornes qui sauva le pays. On ne tarissait pas d'éloges et d'exclamations sur le bonheur qu'on avait de le posséder.

A la frontière du diocèse, Anthelme trouva le

clergé, la noblesse et les magistrats du pays qui étaient venus le recevoir et lui rendre hommage. Plus loin, et jusqu'à la ville, une foule compacte formait comme deux haies de fidèles prosternés, qui demandaient à être bénis par leur bon père. Dans la ville de Belley, il est reçu comme un ange descendu du Ciel, au milieu des acclamations et des cantiques d'action de grâces. Toute la population l'accompagne dans cette antique cathédrale qui fut témoin de sa première ferveur, et où il viendra tous les jours se prosterner pour demander à Dieu le salut de son troupeau bien-aimé.

L'éclat des honneurs et les félicitations qu'Anthelme reçut en prenant possession de son siége, ne changèrent pas ses goûts ni ses convictions sur la vanité et le néant des grandeurs humaines. Il voulut rester, dans son palais, ce qu'il était dans sa cellule de la Chartreuse : simple dans son vêtement et son habitation, frugal et mortifié dans ses repas; ennemi du luxe et de toute ostentation. Habitué depuis de longues années à l'observation d'une règle qui ne laissait rien à la volonté personnelle, il fit de sages règlements pour l'intérieur de sa maison et les personnes qui l'entouraient. Econome sévère de son temps, il le partageait entre la prière, l'étude et le service du prochain. Il y avait, dans une des tours du palais épiscopal, une petite chambre qui lui rappelait sa modeste cellule, par son exiguité et sa simplicité. C'est là qu'il aimait à se retirer pour faire oraison et se livrer encore à de dures pénitences.

Il s'appliquait, autant que ses nouveaux devoirs pouvaient le permettre, à allier la vie d'anachorète à celle d'évêque. Dans ses rapports avec le monde, il savait unir la prudente réserve du pontife à la bonté d'un père.

Tous ceux qui venaient lui confier leurs peines ou lui demander des conseils se retiraient consolés et pénétrés d'admiration. Lorsqu'il voyait les grands du monde, il ne se bornait pas à l'observation d'une vaine politesse : il tâchait de leur rappeler qu'ils n'étaient élevés au-dessus des autres hommes que pour leur donner le bon exemple; s'il avait à se plaindre de leur conduite, il les reprenait sans aigreur comme sans faiblesse, avec la liberté d'un ministre de Dieu. C'est ainsi qu'il en usa avec l'empereur Frédéric et Humbert III. Aussi, comme nous le verrons bientôt, ces deux princes, d'abord très-irrités contre lui, finirent par lui rendre justice et le combler de marques d'estime et de vénération.

Un des premiers soins du nouvel évêque, en entrant dans son diocèse, fut de s'occuper de son clergé. Comme nous l'avons dit au chapitre précédent, à la suite du schisme et des guerres, beaucoup d'abus s'étaient introduits dans le sanctuaire et de graves infractions étaient faites à la discipline ecclésiastique. Pour remédier plus promptement au mal, Anthelme

voulut d'abord se mettre en rapport avec ses prêtres, et, pour y parvenir au plus tôt, il les convoqua
tous à un synode général, dans la première année
de son pontificat. Lorsqu'ils furent réunis, dans une
suite d'entretiens, où brillaient son zèle et sa science,
il leur exposa les maux qui affligeaient l'Eglise de
Belley ; il leur découvrit les plaies profondes de la
société livrée à tous les vices. Voyez, leur dit-il,
l'ignorance répandue comme un voile sur tous ces
peuples ; ils se livrent aux superstitions les plus grossières et aux immoralités les plus révoltantes. Ecou-
tez-moi, légion sacerdotale, lévites du sanctuaire :
vous êtes le sel de la terre, les pasteurs et les chefs
du bercail du Christ ; vous montez à l'autel pour être
les médiateurs entre le Dieu tout-puissant et les
hommes. A ces titres, l'Apôtre saint Pierre vous appelle
la nation sainte, le royal sacerdoce. Ne faut-il pas
qu'une vie sainte accompagne un si grand honneur ?
Vous devez à ces peuples, affamés de la vérité, la
science et le bon exemple ; vous devez être le flambeau qui les éclaire et les modèles qui les édifient.

Ce fut par de tels discours et par beaucoup d'avis
particuliers que le saint Evêque ranima la ferveur
dans ses prêtres. Il les pénétra de ce feu de la charité dont il était enflammé lui-même pour le salut des
âmes. Mais il frappa sans ménagement, des peines
ecclésiastiques, ceux qui se montraient rebelles à ses

avertissements et qui continaient à scandaliser les peuples (1).

Le renouvellement de la piété dans le clergé amena, en peu de temps, la réforme des mœurs dans le peuple. Les églises, décorées et tenues avec plus de décence, attiraient les populations au pied de la chaire et des autels.

L'instruction, répandue dans les campagnes, mit fin à ces superstitions grossières qu'entretenait une crasse ignorance. La jeunesse instruite fréquentait les sacrements et se montrait docile aux avis des pasteurs ; on vit renaître partout la foi, la charité, la probité et la modestie. Anthelme ne faisait que de paraître, et déjà son zèle avait produit les plus heureux changements.

Si nous le suivons dans les visites pastorales, qu'il multiplie dans son diocèse, nous voyons les mêmes prodiges se renouveler partout où il se présente. Son affabilité lui gagne tous les cœurs, et son langage apostolique touche les plus endurcis. Il apaise les

---

(1) On peut lire, dans les Bollandistes, les paroles brûlantes et énergiques dont se servit le saint Evêque, pour blâmer la conduite de quatre ou cinq prêtres.

Après le Synode, deux seulement refusèrent de s'amender, malgré ses remontrances ; il n'hésita pas à leur enlever tout pouvoir et à les frapper d'interdit.

haines, réconcilie les ennemis, fortifie et encourage les faibles ; il console les affligés et ceux qui souffrent, et il laisse toujours aux pauvres des preuves de sa tendre charité.

Dans le cours d'une de ses visites pastorales, il rencontra sur sa route un malheureux qui avait été cruellement blessé par un énorme serpent. Le venin de l'horrible bête avait déjà fait d'affreux ravages dans cet infortuné : tout son corps était livide et enflé, ses yeux sortaient de leur orbite, ses lèvres laissaient tomber des flots d'écume ; un râle, précurseur de la mort, oppressait sa poitrine ; il se tordait dans des douleurs atroces et les assistants attendaient son dernier soupir, lorsqu'ils virent venir le saint Evêque avec quelques prêtres qui l'accompagnaient. La foule, qui entourait le moribond, le pria de s'arrêter un instant pour lui demander s'il ne connaissait point de remèdes pour soulager ce malheureux. Anthelme s'approche et ne peut retenir ses larmes à ce spectacle ; puis, après avoir levé les yeux au Ciel, il se baisse et fait le signe de la croix sur cet homme. Aussitôt le venin et l'enflure disparaissent et le malade est subitement guéri.

A cette vue, tous les spectateurs poussent un cri d'admiration et se prosternent aux pieds du saint Evêque. Mais Anthelme qui, suivant l'expression originale d'un historien, craignait plus les louanges et la célébrité qu'un voleur ne craint d'être pris, supplia

les assistants de remercier Dieu seul de cette grâce et
de n'en parler à personne. Le même auteur ajoute
que, dans la crainte qu'on eût de lui une autre idée
que celle qu'il en avait lui-même, il fuyait comme la
peste l'occasion de faire des miracles (1).

A l'exemple du divin modèle, qui passait les jours
à enseigner, à guérir les malades, et les nuits à prier,
le saint Evêque, après ses visites pastorales et chaque
fois qu'il pouvait se dérober à ses nombreux travaux,
rentrait dans sa solitude pour y puiser de nouvelles
forces dans ses communications avec Dieu. Il retour-
nait souvent aussi à la Grande-Chartreuse, pour y prier
pour son cher troupeau. Il demandait à Dieu la persévérance des âmes fidèles et la conversion de celles
qui résistaient encore à la grâce. Si le Seigneur se
montrait inflexible, comme Moïse, sur la montagne, il
s'offrait lui-même en holocauste et il déchirait son
corps par de sanglantes disciplines.

Anthelme pensait que lorsqu'il n'était que religieux,
il ne devait satisfaire que pour ses péchés, mais qu'étant
chargé de tout un peuple, il devait se regarder comme
une victime publique et se placer entre le Ciel et ses

---

(1) Ce miracle, avec toutes les circonstances que nous avons rap-
portées, est raconté par tous les historiens de la vie de saint Anthelme. Les réflexions, sur la crainte qu'avait le saint d'être célèbre
dans le monde, sont tirées des Bollandistes.

ouailles, pour recevoir les premiers coups de la justice divine. Pendant les jours qu'il passait au milieu de ses frères, il exigeait d'être traité comme l'un d'eux. Il repoussait tout égard et toute distinction. Dépouillé de ses insignes épiscopaux, il se mêlait à la foule et venait humblement, le dimanche, à la porte du réfectoire, recevoir, comme les autres religieux, le pain qui devait le nourrir pendant la semaine. Dans les cérémonies, on le voyait passer simplement à son rang, les yeux baissés et donnant à tous l'exemple de la régularité et de la modestie.

En revenant du désert, Anthelme était comme le laboureur qui s'est reposé quelques instants au milieu du jour, pour reprendre son travail avec plus d'ardeur. Le salut des âmes étant le sujet de toutes ses pensées et l'objet de tous ses désirs, il allait visiter de nouveau les pécheurs qui lui avaient résisté ; il attaquait ces forteresses sur un autre point, il leur présentait de nouvelles considérations, leur témoignait encore plus d'intérêt et d'affection. Ces cœurs, jusque-là rebelles, touchés de tant de dévouement et de charité, finissaient par s'avouer vaincus et tombaient à ses pieds.

F

CHAPITRE X

ANTHELME EST CHARGÉ PAR LE PAPE DE RÉCONCILIER
LE ROI D'ANGLETERRE AVEC THOMAS DE CANTORBÉRY.
— MARTYRE DE L'ARCHEVÊQUE. — PERSÉCUTIONS
DU COMTE DE SAVOIE. — ANTHELME L'EXCOMMUNIE.
— LE PAPE LE RELÈVE DE L'EXCOMMUNICATION. —
ANTHELME SE DÉMET DE SON SIÉGE ET RETOURNE A
LA GRANDE-CHARTREUSE.

Anthelme était occupé de son glorieux apostolat et
consolait l'Eglise par ses succès, lorsque le Souverain
Pontife lui écrivit, pour le charger d'une mission aussi
honorable que délicate. Tout le monde connaît les luttes
qui avaient eu lieu en Angleterre entre le roi, Henri II,
et l'archevêque de Cantorbéry, Thomas Becket. Le
roi voulait dominer l'Eglise, s'emparer de ses biens
et disposer des charges ecclésiastiques. Thomas opposait à ces prétentions une résistance énergique et
ne se laissait intimider ni par les menaces ni par la

violence. Il savait que vis-à-vis des puissances sécu-
lières, il n'y a jamais de point d'arrêt dans la voie
des concessions.

Ces querelles duraient depuis longtemps, et des
plaintes amères étaient fréquemment portées à Rome
par la cour d'Angleterre, contre l'Archevêque. Alexandre III, qui connaissait la prudence et la fermeté
de l'Evêque de Belley, ne crut pas pouvoir choisir un
plus digne médiateur que lui. Anthelme, toujours soumis à la volonté de ses supérieurs, était en route pour
remplir sa mission, lorsqu'on vint lui annoncer l'horrible assassinat de l'Archevêque de Cantorbéry. Voici
ce qui était arrivé :

Henri II, qui était à son château de Buves, en Nor-
mandie, apprend une nouvelle résistance de Thomas
aux ordres qu'il a donnés. Sa colère ne connaît plus de
bornes, il s'écrie, en présence de ses courtisans : —
« Est-il possible qu'aucun de ceux que j'ai comblés de
bienfaits, ne me venge de ce prêtre? » Aussitôt, quatre
jeunes seigneurs, dont l'histoire a conservé les noms,
se lèvent, traversent la mer et vont assassiner le vénérable Archevêque dans son église, aux pieds des
autels (1). Anthelme fut profondément affligé de n'être

_____

(1) L'évêque de Saluce, dit Guichenon, raconte la terrible punition
des coupables.

pas arrivé assez à temps pour empêcher ce grand crime ; mais il se consolait en pensant que les fastes de l'Eglise venaient de s'enrichir d'un protecteur de plus et d'un nouveau martyr.

Bientôt après ces événements, l'Evêque de Belley fut lui-même obligé d'user de cette fermeté apostolique, dont l'Archevêque de Cantorbéry venait de donner un si bel exemple. On se rappelle les efforts et les ruses de l'empereur Frédéric Barberousse, pour faire triompher le schisme d'Octavien et ses projets de domination universelle. Il attribuait son échec à l'activité et au courage du Chartreux Anthelme de Chignin. C'est lui qui avait découvert les piéges, démasqué l'hypocrisie et retenu la masse du clergé dans le parti d'Alexandre III. L'Empereur conçu contre lui une haine des plus violentes et avait juré de se venger. Mais ce prince, chez qui l'irritation tombait bientôt devant la réflexion et la raison, avait reconnu les mérites et la sainteté d'Anthelme, et, lorsqu'il fut nommé évêque de Belley, il combla de faveurs son diocèse et lui accorda à lui-même de grands priviléges.

En vertu du droit de suzeraineté qu'il exerçait sur les anciennes provinces de l'empire romain, il lui donna, par les bulles appelées bulles d'or, datées du 24 mars 1175, avec le titre de prince du saint-empire, la souveraineté de la ville de Belley et de ses dépendances, et il prit sous sa protection spéciale

son église et son diocèse (1). Le prince Humbert III
de Savoie, fils d'Amédée, qui était souverain du
Bugey, fut vivement blessé de ces faveurs, et il en
conçut une violente jalousie contre Anthelme.

Depuis ce jour, malgré les nombreuses marques
de déférence que lui donnait l'Evêque en toute occasion ; il ne cherchait qu'à lui susciter des difficultés
et des ennuis. Ses exigences allaient toujours crois-
sant, malgré les douces représentations d'Anthelme (2).
Enfin, pour trouver un prétexte de rupture ouverte,
il viola le principal privilége de l'Evêque en faisant
emprisonner un prêtre innocent. Anthelme le réclama
énergiquement auprès du prévôt du prince. Sur son
refus, il le frappa d'excommunication ainsi que tous
ses satellites. Ayant découvert que le prêtre était
détenu dans une prison de la Maurienne, il écrivit à
Guillaume, évêque de ce diocèse, de le faire mettre en
liberté, et, dans le cas d'opposition, de l'enlever de
vive force. Guillaume fut obligé de recourir à ce

---

(1) On trouve le texte de ces bulles, dans Guichenon, *Hist. de
Bresse.*

(2) Il s'emparait des revenus ecclésiastiques, durant la vacance
des bénéfices ; il fermait les yeux sur les exactions de ses officiers
dans la perception des impôts ; il laissait impunis les attentats jour-
naliers contre la liberté des ministres de l'Eglise dans l'exercice de
leurs fonctions. Les Boll., *vit. s. A.* Guichenon, *Hist. de la Maison
de Savoie.*

dernier moyen; mais le malheureux prêtre, devenu
libre, ne put échapper à la vengeance qui le poursuivait : il tomba dans un piége et mourut, peu après,
des mauvais traitements et des blessures que les gens
du prévôt lui avaient faites.

A la nouvelle de ce crime, Anthelme voulut voir le
prince lui-même pour l'obliger à châtier le coupable
et le contraindre à une juste satisfaction. Mais Humbert, de plus en plus irrité et mal conseillé, au lieu
de reconnaître ses torts, s'emporta en présence du
Saint, et le menaça, en disant avec une colère peu
digne d'un prince : qu'il était à bout de patience et
qu'il exigerait tout ce qu'il croyait lui appartenir.
Alors l'Evêque lui réitéra son avertissement et le menaça de l'excommunication, s'il ne renonçait à ses
injustes prétentions et s'il ne satisfaisait, autant qu'il
était en son pouvoir, pour la mort du prêtre assassiné
par ses émissaires. Le prince ne répondit à cette seconde sommation que par de nouvelles injures et
des paroles de mépris. Quant à l'excommunication
il s'en inquiétait fort peu, dit-il, parce qu'il avait un
bref du Pape qui le mettait à l'abri de toute censure.

Alors Anthelme, d'une voix grave et solennelle,
prononça contre Humbert III la sentence d'excommunication. Le comte, exaspéré, s'emporta plus violemment encore et proféra les plus terribles menaces.
S'il eût écouté son entourage, il aurait puni sur-le-

champ l'audace de cet Evêque qui osait insulter un
si grand prince. Notre Saint, toujours digne et calme,
voulant prouver au comte et à sa cour qu'il ne craignait ni les supplices ni la mort, répéta de nouveau
la sentence qu'il venait de prononcer, en y ajoutant :
qu'il séparait le prince de l'Eglise de Jésus-Christ, qu'il
le livrait à Satan et lui interdisait l'assemblée des fidèles (1). Tous les assistants frémissaient à la pensée
des malheurs qui pouvaient arriver à la suite d'une
telle scène. L'orgueil du prince, profondément blessé,
pouvait le porter à de déplorables excès. Mais Humbert qui, au fond, était un homme religieux, comme
l'a prouvé la fin de sa vie, contint sa colère et se
contenta de recourir au Pape pour se plaindre d'Anthelme et se faire délier de l'excommunication.

Le Souverain Pontife, trompé par de faux rensei-
gnements, pensa que l'Evêque de Belley avait agi
avec trop de précipitation dans cette affaire et qu'il
aurait dû garder plus de ménagements, pour un des
meilleurs amis du Saint-Siége. Dans cette persuasion, il ordonna à Pierre, archevêque de Tarentaise
et à un autre prélat, de voir Anthelme et de l'en-
gager à absoudre au plus tôt le comte de Savoie pour

---

(1) Les Bolland., *vit. s. Anthelme.* Guich. *Hist. de Bresse et Hist.
de la Maison de Savoie.*

l'apaiser, et de l'absoudre eux-mêmes, dans le cas où l'Evêque de Belley viendrait à le refuser. Anthelme, persuadé qu'on avait surpris le Pape, répondit avec fermeté à ses délégués : que le coupable, qui avait été lié justement, ne pouvait être délié avant d'avoir fait une juste réparation ; que Dieu n'avait donné à personne, pas même à saint Pierre, le pouvoir de délier ce qui ne doit pas l'être, et de lier ce qui doit être libre. Après cette déclaration, les deux prélats, ayant reconnu que l'Evêque de Belley n'avait fait qu'imiter la fermeté de saint Ambroise, se retirèrent sans avoir absout le comte. Mais le Pape, trompé par de nouveaux mensonges, releva lui-même Humbert de l'excommunication et notifia sa sentence à l'Evêque de Belley.

Cette décision pénétra notre Saint d'une vive douleur, non pas à cause de l'humiliation qu'il en recevait, mais parce qu'il la regardait comme une grave atteinte portée aux lois de l'Eglise et aux immunités ecclésiastiques. Il prévoyait aussi que le comte, aveuglé par son orgueil, en profiterait pour éloigner les fidèles de leur pasteur et pour commettre de nouveaux empiétements et de nouvelles injustices. Sa crainte n'était, hélas, que trop fondée ! Depuis ce jour, l'arrogance d'Humbert ne fit qu'augmenter ; il mit un acharnement scandaleux à persécuter le saint Evêque. Il crut que tout lui était permis, qu'il pouvait tout oser. Il ne fit qu'aggraver les mesures de rigueur qu'il avait prises contre le clergé. Cependant, malgré sa haine implacable contre Anthelme, il n'osait l'attaquer directement, parce qu'il craignait la grande influence que lui avait acquise sa réputation de sainteté ; mais il approuvait toutes les injures qu'on pouvait lui faire, et laissait assez entrevoir à ses courtisans que tout ce qu'ils entreprendraient pour satisfaire sa vengeance resterait impuni. Dans cette pénible situation, le saint Evêque, craignant, comme saint Grégoire, d'être la cause de cette tempête et de tous ces troubles, espérant d'ailleurs que son successeur pourrait continuer le bien qu'il avait commencé, se démit de son siége et retourna à la Grande-Chartreuse.

CHAPITRE XI

REGRETS UNANIMES AU DÉPART D'ANTHELME. — LE
CLERGÉ ENVOIE UNE DÉPUTATION A ROME. — LE
PAPE LUI ORDONNE DE REPRENDRE SON SIÉGE. —
ALLÉGRESSE GÉNÉRALE A SON RETOUR. — DISSIMU-
LATION DU COMTE DE SAVOIE. — VISITES AUX LÉ-
PREUX. -- ANNÉE DE DISETTE. — MULTIPLICATION
MIRACULEUSE DES GRAINS.

A la nouvelle du départ d'Anthelme, des plaintes
et des murmures éclatèrent à Belley et dans tout le
diocèse. Les pauvres étaient dans la désolation : ils
avaient perdu leur providence et leur père. Les
fidèles étaient consternés; c'était un cri général de
détresse; toute la ville était dans le deuil. On regardait ce départ comme un malheur public. Les ennemis mêmes du Saint avaient l'air de s'en affliger et
gardaient un morne silence. Le clergé, qui avait d'a-
bord été comme atterré par cette nouvelle, ne perdit

pas néanmoins tout espoir. Après avoir ordonné des prières publiques, il se réunit en assemblée générale pour délibérer sur le parti qu'il y avait à prendre. Plusieurs proposaient d'aller faire à Anthelme une sainte violence, pour le ramener ; mais un autre avis, plus sage, obtint l'assentiment unanime. Tout le monde connaissait sa soumission à la volonté de Dieu ; il ne résistera donc pas, disait-on, à celle de son représentant sur la terre. C'est à Rome qu'il faut le réclamer. Une députation est aussitôt organisée : elle arrive auprès du Souverain Pontife et obtient des ordres qui obligent l'Evêque de Belley à reprendre son siége. La députation ne perd pas un instant ; avant de rentrer, elle va arracher Anthelme à sa cellule et le ramène dans sa ville épiscopale.

On ne saurait peindre le bonheur des habitants de Belley, en revoyant leur saint Evêque. Pour le recevoir, la ville était pavoisée comme pour une grande fête. Une foule immense encombrait les rues et poussait des cris de joie, comme au jour de sa première arrivée, chacun voulait le voir et se prosterner, pour recevoir sa bénédiction. Ce fut pour Anthelme un véritable triomphe. Par cette démonstration unanime, le peuple de Belley manifestait l'amour et la vénération qu'il portait à son Evêque, mais il voulait aussi protester publiquement contre les iniques persécutions du prince. Humbert III s'aperçut bien vite de cette intention, et, en politique habile, il feignit de

prendre part à la joie générale. Il vint féliciter
Anthelme de son retour et lui promit d'accomplir
toutes les satisfactions qu'il exigeait. Le saint Evêque
qui l'avait toujours aimé, le reçut avec les marques de
la plus tendre affection; il lui donna de salutaires
avis et l'engagea vivement à accomplir au plus tôt ses
promesses. Mais, Humbert, toujours rebelle, ne fit
aucun cas de ces sages remontrances; il alla même
plus loin, dans ses attaques contre l'Eglise, qu'il n'était
jamais allé. Il répondit aux nouveaux reproches
d'Anthelme par des insultes et des mépris. Il n'y
avait pas sous le Ciel, disait-il, un homme aussi
intraitable et si peu tolérant que l'Evêque de Belley.
Un jour, qu'ils se rencontrèrent, Anthelme s'approche
et lui dit : — Je vous somme de tenir votre parole. —
Je vous répondrai devant un tribunal séculier, répliqua
le comte. — Vous m'appelez devant un tribunal de
la terre, lui dit l'Evêque, et moi je vous cite pour le
dernier jour, au tribunal de Dieu, le juste Juge (1).

Depuis lors, jusqu'à l'époque de la mort du Saint, le
comte Humbert ne vit plus son Evêque et il continua à
user, par la violence, de ses prétendus droits sur les

---

(1) *Tu me inquit jure fori, ego te convenio jure poli, diemque
determino novissimum, ante justum judicem deum.* Bolland, tom.
v, p. 235.

biens de l'Église. Anthelme sanctifiait toutes ces contra-
dictions en les offrant à Dieu, et priait sans cesse pour
la conversion de ses persécuteurs. Malgré son âge
avancé, il travaillait toujours avec la même ardeur à
la sanctification de ses ouailles. Il visitait souvent les
maisons de Chartreux des environs, pour y entretenir
la ferveur et encourager la rigoureuse observation de la
règle. Il avait établi dans son diocèse plusieurs communautés religieuses ; il les voyait fréquemment pour
leur donner des avis et les prémunir contre le relâ-
chement. Deux de ces communautés avaient surtout
ses prédilections, c'étaient des asiles pour les pauvres
et les infirmes; il leur fournissait tout ce qui était
nécessaire pour le logement, le vêtement et la nourriture, et leur réservait ses plus douces paroles et ses
plus tendres consolations.

Il y avait aussi à cette époque, sur la rive droite du
Rhône, au milieu des rochers dominés par les hauteurs de Pierre-Châtel, un établissement fondé par
un pieux chevalier. Cette maison isolée, dans un site
aride et sauvage, servait de refuge aux malheureux
atteints de la lèpre (1). Ceux qui en étaient affligés
étaient relégués loin de la société, et tout commerce

(1) On croit généralement que cette terrible maladie a été appor-
tée en Europe par les Croisés revenus de l'Orient. Elle se commu-
niquait très-facilement et était réputée incurable.

avec les autres humains leur était interdit. Leur vue
inspirait une espèce de terreur ; on ne leur apportait
la nourriture suffisante qu'en prenant les plus grandes
précautions, et il leur était défendu de sortir du cercle
étroit qui leur était tracé. Mais leur plus grande pri-
vation était celle des secours de la religion, parce
que peu de prêtres osaient affronter le danger de
contracter la redoutable maladie ; aussi le plus affreux
désespoir accompagnait souvent leurs cruelles souffrances. En présence d'une si grande infortune, il
fallait un héros comme Anthelme pour la secourir. Il
allait très-souvent à la Maladière (1) visiter ces pauvres délaissés, sans s'inquiéter du danger auquel il
s'exposait. Il passait au milieu d'eux des journées
entières pour les consoler, les instruire et leur ad-
ministrer les sacrements. L'ardente charité, qui le brûlait du désir de sauver leurs âmes, éteignait dans son
cœur toute appréhension pour lui-même. Les représentations qu'on lui adresse sur son âge avancé, sur
sa santé affaiblie par le travail et les pénitences, ne
font qu'enflammer son zèle. Il passe la plus grande
partie des nuits en prière et les jours à poursuivre les
brebis égarées. Martyr de la charité, il veut se con-
sacrer au salut de ses ouailles jusqu'au dernier sou-

---

(1) C'était le nom que l'on donnait aux léproseries ou hôpitaux
des lépreux.

pir. En voyant l'ardeur et l'activité prodigieuse de ce saint vieillard, on ne pouvait s'empêcher de croire, qu'il avait un pressentiment de sa fin prochaine, et qu'il se hâtait d'accomplir sa tâche. En effet, Anthelme, chargé d'années et comblé de mérites, touchait au terme de sa carrière. Mais la divine Providence voulait qu'elle fût couronnée par une grande œuvre de miséricorde et qu'il se montrât, jusqu'à la fin, le refuge et l'ami des pauvres.

Dans cette année 1178, une disette, semblable à celle dont nous avons parlé précédemment, avait réduit le Bugey et les contrées voisines à la plus grande misère. La famine se faisait sentir partout. Les communautés religieuses qui, dans ces calamités générales, viennent ordinairement au secours des pauvres, étaient elles-mêmes réduites à la plus grande détresse. Dans cette extrémité, on se rappelle les prodiges de charité qu'Anthelme a faits, lorsqu'il était Prieur de Portes. Les prières du Saint ont fait alors descendre les greniers du Ciel dans ceux de la Chartreuse. Et pourquoi, disait ce peuple dans la naïveté de sa confiance, pourquoi le Pontife, ami de Dieu, n'obtiendrait-il pas ce qu'a obtenu le Prieur? Ces réflexions se propagent et courent comme une étincelle: au bout de quelques heures, les pauvres accourent en foule; les portes du palais épiscopal et les rues adjacentes en sont encombrées; on appelle le saint Evêque par des cris suppliants; Anthelme entend ces cris,

les gémissements des mères, lui perçaient le cœur.
Il se met en prière... et, bientôt, il paraît tout radieux.
Son entretien avec le Très-Haut a illuminé sa ma-
jestueuse figure. Il adresse à ce peuple bien-aimé
quelques paroles de consolation et d'encouragement,
il lui rappelle la nécessité de la confiance et de cette foi
vive à laquelle le Sauveur a promis les plus grands
miracles ; puis il ordonne de commencer les distributions. Chacun reçoit abondamment ce qui lui est
nécessaire. Après ces premiers pauvres, il en arrive
d'autres en plus grand nombre ; c'est, enfin, tout le
pays qui est en mouvement pour venir auprès du
nouveau Joseph et lui demander du grain. Ces distributions durèrent plusieurs jours, et le Bugey fut
encore une fois sauvé par les priéres de son saint
Evêque (1).

----

(1) Ce prodige, rapporté par M⁙ Dépéry et par plusieurs autres
auteurs, a été attesté par des milliers de témoins. Si on pouvait en
douter, on a qu'à interroger les populations de Belley et du dépar-
tement de l'Ain, on se convaincra que la tradition de cet immense
bienfait s'est perpétuée sans altération pendant sept siècles et sans
qu'on ait élevé le moindre doute sur son authenticité.

CHAPITRE XII

MALADIE DE SAINT ANTHELME. — LE COMTE DE SAVOIE
RECONNAIT SES FAUTES. — ANTHELME LE RELÈVE DE
SES CENSURES ET LUI PRÉDIT LA NAISSANCE D'UN
FILS. — MORT DE SAINT ANTHELME. — REGRET GÉ-
NÉRAL. — EXPOSITION DE SON CORPS. — RÉFLEXIONS
DU MONDE SUR SA VIE ET SES ŒUVRES.

Dans le cours des distributions qu'il fit aux pauvres, Anthelme leur avait annoncé qu'il ne pourrait
les continuer plus longtemps; il avait même fixé le
jour où il les cesserait, sans leur en donner le motif.
Ceux qui avaient été étonnés de ce terme péremp-
toire ne tardèrent pas, malheureusement, à connaître le sens prophétique de ces paroles. Le soir même
de ce jour fatal, une fièvre ardente saisit notre Saint
et le conduisit promptement aux portes du tombeau.
Depuis longtemps il appelait de ses vœux le jour de
sa délivrance, et Dieu, qui voyait sa vie pleine et en-

richie de bonnes œuvres, ne voulut pas en retarder
la récompense, malgré les supplications qui lui
étaient adressées. Le mal fit de si rapides progrès
que, bientôt, on perdit tout espoir de le conserver.
Alors son chapitre, ses amis et les notables de la
ville, vinrent entourer son lit en versant des larmes.
Ses domestiques et les gens de sa maison étaient in-
consolables. Dans cette désolation générale, lui seul
conservait son calme et une parfaite sérénité ; il demanda et reçut les derniers sacrements avec la piété
qu'on lui connaissait. Lorsqu'on lui proposa de faire
son testament, il répondit : qu'il n'avait jamais rien
possédé et qu'il ne possédait rien au monde ; que,
pour les biens de son église, il n'en était que le
dispensateur, et, ne pouvant plus en user, il n'avait
pas le droit d'en disposer.

Ce fut à ce dernier moment qu'un des Pères
Chartreux, qui était accouru au premier avis du
danger, s'approcha pour lui demander s'il ne pardon-
nait pas au comte Humbert les injures et toutes les
injustices dont il s'était rendu coupable. — Jamais je
n'en ferai rien, répondit-il d'une voix ferme, jusqu'à
ce que le comte ait juré de renoncer à ses prétentions iniques sur les biens de l'Eglise ; qu'il promette
de ne plus affliger le clergé par ses persécutions, et
de faire pénitence du crime commis sur le prêtre
assassiné. On savait que le prince était alors dans la
ville, mais personne n'osait lui porter la réponse de

l'Evêque. Alors deux Pères Chartreux : Dom Aymon
et Dom Girard, tous deux d'une haute naissance,
qui avaient brillé par leur position dans le monde et
étaient distingués dans le cloître par leur éminente
vertu, se décidèrent à aller voir le comte. Ils l'en-
gagèrent à profiter des derniers moments de la vie
du saint Pontife pour obtenir son pardon et se réconcilier avec l'Eglise. Ils lui représentèrent que s'il
refusait de se rendre sa vie serait troublée par de
cruels remords, et, à sa dernière heure, il aurait à
craindre de voir Anthelme se porter son accusateur
au tribunal du Souverain Juge.

Humbert, frappé par ces observations et touché
par la grâce divine, éclata en sanglots et versa d'a-
bondantes larmes. Sans perdre de temps, il vint se
prosterner devant le lit de l'Evêque, lui demanda
pardon de toutes ses offenses et lui promit, en présence de tous les assistants, de renoncer à toutes
ses prétentions et d'être, à l'avenir, le plus zélé défenseur de l'Eglise. Alors le saint Pontife, heureux
de terminer sa vie par une œuvre qui doit avoir de
précieux résultats pour le bien de la religion, étend
sa main mourante sur le comte pour le délier de
toutes ses censures, puis, élevant la voix, il ajoute :
— Que le Seigneur Dieu tout-puissant, Père, Fils et
Saint-Esprit, vous accorde l'abondance de ses grâces
et de ses bénédictions, et qu'il vous fasse croître et
multiplier vous et votre fils. A ces paroles, les assis-

tants s'étonnent et croient que l'Evêque oublie que
le comte n'a qu'une fille. Un d'eux le lui rappelle
tout bas. Aussitôt Anthelme reprend d'une voix
plus distincte : — Qu'il vous bénisse vous et votre fils,
et il répéta trois fois les mêmes paroles (1).

L'événement justifia bientôt la prophétie : le comte
eut, quelque temps après, un fils qui lui succéda,
sous le nom de Thomas Ier, et de qui descendent les
princes de la maison de Savoie.

Le Saint donna ensuite sa bénédiction à toute l'assistance, lui adressa les avis les plus touchants, re-
commanda à son clergé le zèle, la charité, l'union
et la fidèle observation des lois de l'Eglise. Ce suprême effort avait épuisé le mourant. De ce moment,
il entra dans une douce agonie, et, pendant que son
clergé en pleurs récitait les dernières prières, il
rendit à Dieu sa belle âme et alla recevoir la récompense éternelle qu'il avait si bien méritée, le 26
juin 1178.

Saint Anthelme était âgé de soixante et douze ans,
dont il avait passé plus de trente dans le cloître et
quinze dans l'épiscopat.

Si, après la mort des Saints, de ceux mêmes qui

---

(1) Tous ces détails sont tirés des Bollandistes, tom. v, p. 236 et
suiv., et des manuscrits inédits de la Grande-Chartreuse.

ont été le plus persécutés, on pouvait entendre les
discours et les jugements du monde sur les actions
de leur vie et être témoins des regrets qui les accompagnent, on pourrait se dispenser de faire leur
éloge. C'est alors que, dans tous les pays où ils ont
passé en faisant le bien, s'élève un concert de louanges et un cri de douleur sur le malheur qu'on a eu
de les perdre. Sans parler des grandes œuvres de
charité qui leur ont mérité la reconnaissance de l'hu-
manité toute entière, on découvre, après leur mort,
une multitude de bonnes actions qui étaient restées
secrètes et qui sont révélées à leur gloire. C'est ce
qui arriva pour notre Saint. Sa profonde humilité lui
faisait prendre toutes les précautions possibles pour
cacher aux yeux des hommes le bien qu'il faisait.
A sa mort, tout éclate, tout est dévoilé : les aumônes secrètes, les services rendus, les bons conseils
donnés, les haines éteintes, les ménages réconciliés,
les mortifications, les pénitences, tout est mis au
grand jour. Aussi, d'une extrémité à l'autre de son
vaste diocèse, on n'entend que des soupirs, on ne
voit que des larmes. Dans la ville de Belley, la douleur paraît encore plus vive : c'est une affliction,
une désolation générale. On dirait une famille d'orphelins qui vient de perdre son dernier soutien sur
la terre.

Lorsqu'on eut revêtu le corps du Saint de l'habit
de chartreux, qu'il portait habituellement, et des

insignes épiscopaux pour l'exposer à la vénération publique, la foule se précipita dans le palais avec un empressement qu'il ne fut pas possible de modérer. Chacun voulait contempler une dernière fois cette figure angélique, qui paraissait encore souriante de bonté et de douceur. On était tellement persuadé de sa sainteté, qu'un grand nombre de personnes faisaient toucher à ses mains des objets de dévotion ou des linges, que l'on conservait précieusement. Les mères inclinaient leurs enfants vers ce corps sacré comme pour lui demander une dernière bénédiction. Anthelme, qui avait tant aimé les enfants, les bénissait sans doute du haut du Ciel.

Cette vénération dura plusieurs jours, pour satisfaire la dévotion de ceux qui étaient accourus de l'extrémité du diocèse.

Plusieurs auteurs, qui ont parlé de la mort de saint Anthelme, certifient que, pendant ces jours d'exposition, quelques personnes ont obtenu des grâces signalées; mais, Dieu ne se contenta pas de faire connaître au monde la sainteté de son élu par des faveurs secrètes, il voulut manifester sa gloire par des prodiges plus éclatants, comme nous le verrons dans les chapitres suivants.

CHAPITRE XIII

FUNÉRAILLES DE SAINT ANTHELME. — MIRACLE DES LAMPES. — CONVERSION DU COMTE DE SAVOIE. — TOMBEAU DE SAINT ANTHELME. — INSCRIPTION.

Pendant que la foule des fidèles satisfaisait sa dévotion, en vénérant la dépouille mortelle du saint Pontife, on préparait dans la Cathédrale la tombe qui devait la recevoir. On choisit pour cela, dans la nef, l'emplacement qui est au-dessous du grand crucifix. C'était un des endroits les plus apparents de l'église. Il y avait, tout près de là et à l'entrée du chœur, une petite chapelle érigée en l'honneur de la sainte Trinité. Aux grandes fêtes de l'année, pendant la nuit seulement, on y allumait trois lampes qui étaient toujours éteintes pendant la journée. Tout le monde, à Belley, connaissait cet usage. Au moment où on se disposait à descendre le corps du Saint dans le tombeau, une de ces lampes brille tout à coup d'un éclat extraordinaire. La flamme, vive et très-élevée, répand une lueur qu'on ne lui a jamais vue. Tous les spectateurs, stupéfaits, la fixent avec attention. On se la montre avec étonnement, la cérémonie est suspendue; mais, tandis que tous les regards sont tournés vers cette lampe, voilà que la seconde, puis la troisième s'enflamment de la même manière et répandent une clarté éblouissante (1). A cette vue, tout le peuple pousse des cris de joie, et le clergé entonne des cantiques d'allégresse et d'actions de grâces. On ne peut plus en douter, crie-t-on, Belley a un protecteur dans le Ciel. Le bruit de ce prodige se répand en quelques instants dans la ville et les environs, et, de toute part, on accourt pour admirer cette merveille. Humbert III, qui avait en ce moment auprès de lui son beau-père, le comte Girard, de Vienne, en entendant parler de ce miracle, se hâte de venir s'en édifier avec tous les seigneurs de sa cour. Il en est si frappé, qu'au même instant il rentre au palais épiscopal et fait abandon de tout ce dont il s'était emparé, en vertu du droit de régale (2).

___

(1) Sans parler de Guichenou, des Bollandistes et de Mgr Dépéry, plusieurs historiens et un grand nombre de notices, rapportent le miracle des lampes comme un fait authentique et admis par tout le monde.

(2) Le droit de régale était celui que percevait le souverain sur les revenus des bénéfices, pendant leur vacance.

Depuis lors, ce prince ne donna plus que des exemples d'édification et de vertu. Sa vie fut plutôt celle d'un religieux que d'un roi. Il fit réparer et construire plusieurs églises; il fonda la célèbre Chartreuse d'Aillon; il offrit au Pape de se mettre à sa disposition pour le défendre contre ses ennemis. Chaque fois que les affaires de l'Etat le lui permettaient, il se retirait dans la solitude d'Haute-Combe pour réfléchir sur ses destinées éternelles, se livrer à des œuvres de pénitence et à la prière. Les dix dernières années de sa vie furent une réparation éclatante de celles qu'il avait passées à poursuivre un fantôme de gloire et un accroissement de puissance. On peut aussi croire que s'il a le bonheur d'être placé au rang des bienheureux, il le doit à l'intercession du saint Evêque de Belley, qui l'avait toujours aimé, malgré ses résistances et qui rendait justice à plusieurs de ses excellentes qualités. Ce prince mourut à Chambéry, le 4 mars 1189, à l'âge de cinquante-deux ans et fut enseveli à Haute-Combe. Le roi Charles-Félix lui a fait construire un magnifique mausolée en restaurant l'église de cette abbaye.

Ce ne fut que vers la fin de la journée, quelques-uns disent même le lendemain du miracle des lampes, qu'on se décida à descendre le corps du saint Evêque dans le tombeau qu'on lui avait préparé. Dans l'enthousiasme qu'avait excité le prodige, on hésitait à l'ensevelir comme ses prédécesseurs. Les fidèles disaient que, puisqu'il était évident qu'Anthelme était couronné de gloire dans le Ciel, on devait lui rendre sur la terre tous les honneurs accordés aux Saints. Plusieurs propositions furent faites à l'assemblée du Chapitre. Elles étaient toutes inspirées par le désir de voir le culte du Saint établi et reconnu au plus tôt dans l'Eglise; mais la vénérable assemblée crut agir plus sagement, en s'arrêtant à la résolution de placer ces précieuses reliques dans un lieu plus convenable et plus distingué, lorsque l'Eglise aurait fait entendre sa voix et prononcé son jugement sur tous ces faits merveilleux. On ne lui éleva donc, provisoirement, qu'un modeste tombeau, au-dessus duquel les habitants de Belley firent placer l'inscription suivante :

Deo optimo Maximo, B. Anthelmo thaumaturgo, libertatis ecclesiasticæ vendici. Cartusiæ majoris VII Priori, totiusque Ordinis item VII Generali præposito. Sacri imperii principi, Civitatis. Bellicii xxxxvie *præsuli. — Primo dinastæ et tutelari pientissimo, Cives Bellicenses, illius devotissimi clientuli. D. D.*

Hactenus illæsum per bella, incendia, pestes,
Bellicium hoc Anthelme tibi debere fatetur;
Et ne nulla tibi referatur gratia post hàc,
Urbs tua perpetuo voto tibi sacrat honores.

Au Dieu très-parfait, très-grand.

Au bienheureux Anthelme le thaumaturge.

Zélé défenseur des libertés de l'Eglise, septième Prieur de la Grande-Chartreuse et septième Général de l'Ordre. Prince du saint-empire, quarante-sixième Evêque de Belley, premier Seigneur et protecteur zélé de Belley; les citoyens de cette ville, ses dévoués clients, lui ont élevé ce monument. D. D.

Si Belley existe, après des guerres, des incendies et des pestes, il reconnaît, Anthelme, qu'il le doit à votre protection; mais, afin que la postérité ne perde jamais le souvenir d'un si grand bienfait, votre ville fait vœu de vous honorer à perpétuité d'un culte solennel.

CHAPITRE XIV

MIRACLES OPÉRÉS PAR L'INTERCESSION DE SAINT AN-
THELME, A SA MORT ET AVANT LA TRANSLATION DE
SES RELIQUES.

Le prodige arrivé aux funérailles du saint Evêque,
avait excité une telle confiance dans sa protection
que, depuis ce jour, une foule de suppliants ne cessait
d'entourer son tombeau. A chaque instant on voyait
sortir de ces groupes prosternés, des malades ou
des infirmes qui criaient, ivres de joie : gloire à saint
Anthelme! c'étaient des aveugles, des boiteux, des
affligés de différentes maladies qui se retiraient dé-
livrés de leurs infirmités.

Le nombre des miracles était si grand, disent les
historiens, que dans le trouble excité par l'admiration
on négligea de les recueillir pour en conserver le
détail à la postérité. La sainteté du vénérable Evêque
et sa puissance auprès de Dieu paraissaient si cer-

taines et si évidentes aux contemporains, qu'ils crurent faire assez, en nous laissant pour preuve de tous ces prodiges, le nom de Thaumaturge, qu'on lui décerna alors par acclamation. Ce fut une grande erreur : on voit que les écrivains de ce siècle ne prévoyaient pas l'orgueil et l'incrédulité des hommes du dix-neuvième.

Nous citerons cependant plusieurs de ces miracles, que nous tirons de l'ouvrage des Bollandistes. Ils en rapportent un très-grand nombre ; nous choisirons ceux qui nous paraissent les plus frappants. Nous commençons par ceux qui ont été opérés, bientôt après la mort du Saint :

Le prodige qui eut le plus de retentissement, à cette époque, fut la résurrection d'un enfant de trois ans, mort asphyxié dans une rivière. La mère de cet enfant était allée, dans la matinée, travailler aux champs et l'avait laissé seul à la maison. Bientôt, après son départ, l'enfant sort pour folâtrer dans les alentours et va tomber dans un ruisseau qui coulait à quelques pas de l'habitation. A son retour, cette malheureuse femme ne retrouvant pas son enfant au logis, le cherche partout, l'appelle, mais inutilement. Elle entre dans une inquiétude mortelle Soupçonnant enfin un malheur, elle court auprès du ruisseau, elle en suit le cours avec une impatience fiévreuse et arrive à un endroit plus profond, où elle découvre, au fond de l'eau, son enfant noyé. Elle

s'y précipite, le saisit, le presse sur sa poitrine pour
le réchauffer. — O mon Dieu ! s'écrie-t-elle, ô saint
Anthelme, rendez-moi mon fils ! Quand elle vit qu'il
était certainement mort, elle se mit à pousser des
gémissements et des cris perçants ; elle s'arrachait
les cheveux, se frappait la poitrine et voulait se
donner la mort. Le père, attiré par ses cris, accourt
précipitamment ; mais, à la vue de l'affreux malheur,
il ne peut que mêler ses larmes à celles de son
épouse. Les voisins arrivent de tous côtés, ils essayent
de donner des soins à l'enfant, mais tout est inutile,
rien ne peut le rappeler à la vie. Déjà on parlait de
l'ensevelir. — Non, s'écrie la mère avec vivacité, je
veux porter ce cadavre à l'église de Saint-Jean, au
tombeau de saint Anthelme et je suis assurée que,
par ses mérites, Dieu me rendra mon enfant. Rien ne
peut la détourner de sa résolution, et elle veut partir
à l'instant même. Alors, le père prend l'enfant dans
ses bras et, suivi de la mère et de plusieurs voisins,
il l'apporte devant le tombeau de saint Anthelme.
Un grand nombre de personnes de la ville, touchées
de la douleur de ces parents désolés, les avaient
accompagnés à l'église. Le cadavre était à peine depuis quelques instants auprès du tombeau, qu'il
commence à se mouvoir. A cette vue, la mère, fré-
missante, en détache ses mains crispées, comme
pour laisser agir la puissance divine. Bientôt après,
on entend des gémissements ; puis l'enfant se lève,

plein de vie, au grand étonnement de tous les assistants; il s'approche du tombeau et se met à parler à
sa mère, comme s'il n'avait jamais eu aucun mal.
Il faut renoncer à décrire la scène qui accompagne ce
prodige. Les parents pleurent de bonheur et de reconnaissance, les assistants poussent des cris d'admiration. Après quelques instants, la grande église de
Saint-Jean est pleine de curieux, tous accourent
pour être témoins de la merveille. Le clergé, la noblesse, les artisans, tout le monde veut voir et
s'édifier, et chacun de s'écrier : Béni soit le Dieu
tout-puissant qui opère de si grandes choses à la
gloire de ses Saints!

Le second miracle, dont le bruit se répandit rapidement dans tout le pays, parce qu'il frappa de terreur les détracteurs du Saint, fut tout à la fois un
châtiment et une grâce signalée.

Un jeune homme, d'une famille noble, avait conservé contre Anthelme une haine violente, que la
mort du Saint n'avait pas éteinte. Il n'avait jamais
pu lui pardonner les reproches sévères et réitérés
qu'il lui avait adressés sur ses désordres et ses scan-
dales. Traversant un jour l'église, il vit plusieurs
malades en prière devant le tombeau du Saint : il
se mit à ricaner et à se moquer de leur confiance,
il traita même leur foi de superstition et de folie.
(Il ne pouvait cependant pas ignorer les prodiges qui
avaient été opérés; mais l'impiété est si haineuse et

si aveugle !) A peine fut-il sorti de l'église, qu'un mal
étrange le saisit tout à coup : son corps, violemment
agité, était brûlé par une fièvre ardente, il poussait
des gémissements qui décélaient des souffrances
atroces et une mort prochaine. Ce malheureux se
rappelle alors sa haine et les impiétés qu'il vient de
proférer contre le Saint, il en éprouve un vif regret
et il supplie, ceux qui l'entourent de le porter au
tombeau d'Anthelme. Là, fondant en larmes, il lui
demande humblement pardon de sa faute et, en présence de la foule, il promet de lui être éternellement
reconnaissant, s'il obtient sa guérison ; de publier
partout sa bonté et de travailler, pendant toute sa vie,
à l'extension de son culte. Sa prière fut aussitôt
exaucée et notre Saint, en lui obtenant la santé du
corps, lui obtint encore la grâce de la persévérance
dans la vertu, jusqu'à la fin de sa vie.

Un autre jeune homme était dévoré, depuis longtemps, par une fièvre rebelle à tous les médicaments,
et il était de plus sujet à de fréquentes attaques
d'épilepsie. Voyant qu'aucun secours humain ne
pouvait le guérir ni même le soulager, il eut la
pensée de demander quelques gouttes du vin qui
avait servi à laver le corps du Saint. Aussitôt qu'il
les eut prises, il fut entièrement délivré de toutes
ses maladies. Le bruit de ce miracle s'étant ré-
pandu dans le pays, plusieurs autres malades obtin-
rent leur santé par le même moyen.

Les Saints, dans le Ciel, n'oublient pas ceux qu'ils ont aimé sur la terre. Leur affection, en s'épurant au foyer de la charité divine, n'en devient que plus ardente. Saint Anthelme le prouva à un gentilhomme des environs de Grenoble, qu'il voyait souvent à cause de sa grande piété et de la multitude de ses bonnes œuvres. Ce seigneur, qui jouissait d'une grande fortune, était inconsolable de n'avoir pas d'héritier de son nom et de ses biens. Son épouse, vertueuse comme lui, partageait son chagrin et regardait comme peu de chose toutes ces richesses auprès de la grâce qu'elle désirait. En entendant parler des nombreux miracles qui s'opéraient au tombeau de saint Anthelme, leur ancien ami, elle engagea son époux à se recommander à lui pour obtenir cette faveur : à la suite d'un pèlerinage fait à Belley, Dieu les bénit, et ils eurent un fils qui devint la consolation de ses parents et l'honneur de sa famille.

Si nous ne craignions de donner trop d'étendue à cet ouvrage, nous pourrions encore continuer l'énumération des miracles opérés par l'intercession de notre saint Evêque, le nombre en fut très-grand, comme l'attestent tous les historiens de l'époque (1).

---

(1) Guichenon, *Hist. de Bresse.* Les Bolland., tom. v, p. 237 et suiv. Guillaume Nangi, Gauffrey, etc.

H

Presque tous les jours de l'année qui suivit sa
mort furent marqués par quelques guérisons ou
faveurs miraculeuses. De toutes les parties de la
France, de l'Italie et de la Suisse on accourait à
Belley, pour implorer le Thaumaturge. La ville, dit
un chroniqueur, était comme encombrée d'infirmes et
de malades. On en rencontrait dans toutes les rues
et sur toutes les routes aboutissantes. Cette affluence
dura plusieurs années et ne subit que peu d'inter-
ruption jusqu'à l'époque où Dieu inspira au peuple
de Belley et à un des plus pieux successeurs du saint
Pontife, de tirer ces vénérables reliques de leur
tombeau, pour les exposer sur les autels. Alors le
Ciel en manifesta sa joie et son bon plaisir, par une
multitude de nouveaux prodiges, que nous raconterons dans le chapitre suivant.

CHAPITRE XV

MIRACLES OPÉRÉS PAR L'INTERCESSION DE SAINT AN-
THELME, APRÈS LA TRANSLATION DE SES RELIQUES.

L'illustre Jean-Pierre Camus, ami de saint Fran-
çois de Sales, venait, après vingt ans de travaux, de
se démettre de l'évêché de Belley, pour s'occuper,
dans la retraite, de sa propre sanctification. Cette
église pleurait encore le départ du savant Prélat,
lorsqu'elle eut la consolation d'apprendre qu'il était
remplacé par Jean de Passelaigue, prélat éminem-
ment pieux et plein de dévotion envers saint Anthelme. Dès son arrivée, il manifesta le désir de le
prendre pour protecteur de son diocèse et de placer
sa ville épiscopale sous son patronage. Cet heureux
début, si conforme aux aspirations du clergé et des
fidèles, lui gagna la confiance et l'affection générale.
Depuis longtemps, on gémissait de voir le corps de
saint Anthelme enseveli dans le trop modeste tombeau

où il avait été renfermé à sa mort. La sainteté de sa vie et l'éclat des nombreux miracles qu'il avait opérés, semblaient exiger un monument plus digne. Les fidèles désiraient voir exposées ces précieuses dépouilles, pour prier avec plus de ferveur et de confiance, celui qui leur avait déjà obtenu de si grandes grâces.

Interprète du vœu général, l'Ordre des Chartreux, le Chapitre de la Cathédrale et les magistrats de Belley adressèrent au nouvel Evêque de pressantes suppliques, pour le prier de remédier à un état de choses qui les humiliait, et d'autoriser le culte public de saint Anthelme. L'Eglise romaine, disaient-ils, l'avait déjà placé dans son martyrologe ; le concours des fidèles, depuis quatre siècles et demi, et d'innombrables prodiges avaient assez établi sa sainteté et son crédit auprès de Dieu. L'Evêque, qui n'attendait qu'une démonstration publique pour donner lui-même un témoignage de sa dévotion au Saint, ordonna aussitôt les informations prescrites par les canons de l'Eglise.

Ces investigations, sur la vie et les miracles du saint Pontife, furent comme un brillant panégyrique qui fit ressortir de plus en plus ses éminentes vertus. Alors l'Evêque le déclara protecteur du diocèse et patron de la ville de Belley. Pendant l'intervalle des informations, il avait fait préparer une châsse magnifique pour recevoir les saintes reliques et en faire la translation. Enfin, le 26 juin 1630, jour anniversaire de la mort du Saint, fut fixé pour l'ouverture de son tombeau. A ce jour une foule immense emplissait l'église et chacun était dans l'attente de quelque chose d'extraordinaire. L'espoir de cette multitude ne fut pas trompé. Au moment où l'on enleva la pierre qui couvrait le tombeau, une odeur suave se répandit dans toute l'Eglise et excita les cris et l'admiration des assistants. L'étonnement fut plus grand encore lorsqu'on reconnut que les linceuls et les vêtements qui couvraient les précieux restes étaient à peine endommagés, après quatre cent cinquante années d'enfouissement. Les auteurs ne disent cependant pas que le corps du Saint ait été préservé de la dissolution et de la corruption du tombeau.

Ces dépouilles glorieuses furent placées dans la châsse préparée et portées en triomphe autour de la ville, à la suite d'une immense procession. On voyait figurer, dans ce brillant cortége, l'Evêque en habits pontificaux, le Chapitre de la Cathédrale, les Prieurs des Chartreuses voisines, plusieurs ordres religieux, un grand nombre de prêtres, les magistrats de la ville et une multitude innombrable de fidèles qui étaient accourus des pays voisins.

Cette foule recueillie paraissait heureuse de voir, enfin, sur les autels les reliques de son protecteur. Elle était persuadée qu'elle avait, dans ces précieux restes, un remède infaillible à tous ses maux et un refuge assuré dans tous ses malheurs. Dieu ne tarda pas de récompenser la confiance qu'elle avait dans les mérites de son serviteur. Depuis ce jour, les grâces et les miracles semblaient descendre de l'autel de saint Anthelme, comme l'eau coule d'une source abondante. Les auteurs du temps assurent qu'un livre ne suffirait pas pour raconter, en détail, tous les prodiges opérés en faveur des affligés qui vinrent implorer le Thaumaturge (1).

Nous allons en citer quelques-uns, que nous extrayons encore de l'ouvrage des Bollandistes, et que nous avons aussi trouvés dans les manuscrits inédits de la Grande-Chartreuse, ainsi que dans la *Vie de saint Anthelme*, par Mgr Dépéry. La ville de Belley, qui avait eu l'initiative des honneurs rendus à saint Anthelme, devait être aussi la première à ressentir les effets de sa puissante protection. Quelque temps après la translation des reliques du saint Evêque, la peste qui avait déjà ravagé l'Italie et la Suisse, traversa les Alpes, à la suite de l'armée française qui rentrait dans ses foyers après la guerre de cette époque. Plusieurs villes de la Savoie en étaient infectées et Belley était dans l'épouvante, en pensant que les porteurs de ce fléau allaient bientôt paraître. La vue du danger rappelle aux habitants qu'ils ont au

---

(1) Les Bollandistes, tom. v, p. 238 et suiv.

Ciel un ami dévoué; ils courent se prosterner aux pieds de son autel, le supplient de les préserver du malheur qui les menace. On fait une exposition de ses reliques. Quelques jours après, les troupes arrivent, décimées par la maladie et, à l'étonnement général, non-seulement elles ne communiquent la peste à personne, mais les soldats qui en étaient atteints obtiennent leur guérison, en allant prier à l'autel de saint Anthelme.

Dans le même temps, la famille de noble Georges de Courtine, officier supérieur et conseiller du roi, arriva à Belley avec un enfant atteint de la peste et couvert d'ulcères. Malgré tous les soins, il ne tarda pas à succomber. La mère, Mlle de Saint-Priez, femme pleine de foi et de confiance, s'opposa à son ensevelissement et voulut le porter sur la châsse de saint Anthelme, avec la persuation qu'il lui rendrait son fils. La grâce qu'elle sollicitait ne se fit pas long-temps désirer : aussitôt que le cadavre eut touché cette arche sainte, il recouvra la vie et la santé.

Claudine Mornieu, du village de Genevray, arrondissement de Belley, était tourmentée par des convulsions épouvantables : dans ses accès, elle poussait des cris et des gémissements effrayants. Mgr de Passelaigue, étant en tournée de confirmation, passa dans ce hameau où on lui fit voir cette malheureuse. Il ordonna de la conduire au plus tôt à la châsse de saint Anthelme. Elle y fut amenée, le 24 juillet 1631, et assista à la messe que célébrait un père capucin

à l'autel du saint Evêque. Elle éprouva d'abord
quelque agitation, puis s'endormit paisiblement. A
son réveil, elle était guérie et ne ressentit plus
aucun mal. Pour remercier Dieu, elle voulut faire,
avant de quitter Belley, une neuvaine de jeûnes et
de prières. La vie sainte qu'elle mena depuis ce moment jusqu'à sa mort, prouva que saint Anthelme
lui avait obtenu, avec la guérison du corps, de
grandes grâces pour la sanctification de son âme.

Antoine Dufreine, du Pont-de-Beauvoisin, souffrait
cruellement depuis huit mois de douleurs si vives,
qu'il en perdit la vue. Le 25 juin 1630 il fut frappé
d'une attaque d'appoplexie, accompagnée de convulsions effrayantes. Bien qu'il eût perdu la parole,
il avait conservé toute la lucidité de son esprit. Il fit
alors vœu d'aller en pèlerinage à la châsse de saint
Anthelme, s'il avait le bonheur de guérir. Son épouse
eut en même temps l'inspiration de faire le même
vœu. Bientôt après, celui qu'on regardait comme
perdu commença à respirer, à ouvrir les yeux, puis
à parler aux assistants. Sa guérison, en un mot, fut
si prompte, qu'après quelques jours, il fut en état
d'aller à Belley rendre grâces à son bienfaiteur.

Humberte Drivet, fille de Louis Drivet, du Bourget,
en Savoie, âgée de dix-neuf ans, était affligée de
surdité et d'une maladie de langueur qui la conduisit
en peu de temps aux portes du tombeau. Ses parents avaient déjà fait leur sacrifice et ne conservaient
aucun espoir de la sauver; lorsque le père de la ma-

lade, se rappelant les grâces extraordinaires obtenues par l'intercession de saint Antelme, fit vœu d'accompagner sa fille à Belley, s'il obtenait sa guérison. Sa prière fut aussitôt exaucée. Humberte recouvra d'abord l'ouïe et, peu de jours après, une santé si affermie qu'elle put aller avec sa famille remercier celui qui lui avait obtenu de si grandes grâces.

Ennemonde Collet, épouse de Pierre Tetamps, de Rumilly, était atteinte d'une fièvre maligne et tellement contagieuse, que tous ceux qui l'approchaient pour la soigner, étaient bientôt pris de la même maladie et promptement en danger de mort. Le 26 juin 1630, un religieux capucin vint lui annoncer que c'était en ce jour que l'on faisait, à Belley, la translation des reliques de saint Anthelme, et il l'engagea fortement à se recommander à lui. La malade, pleine de confiance, se voue immédiatement au saint Evêque, et met toute sa maison sous sa protection. Depuis ce moment, personne ne fut plus atteint de la fièvre dans la maison, et tous ces malades qu'on désespérait de sauver revinrent promptement à la santé.

Nous terminerons cette énumération, par le récit de la guérison du vénérable curé d'Aranc, près de Saint-Rambert, dont toute la ville de Belley et des centaines de personnes ont été témoins, puisqu'elle arriva le jour même de la translation des reliques de saint Anthelme. Ce vénérable ecclésiastique avait une jambe

enflée et ulcérée, qui, depuis longtemps, lui faisait
éprouver les plus vives douleurs. Tous les remèdes
humains étant restés sans effet, il résolut de venir
s'adresser à saint Anthelme, le jour de cette grande
fête. Il entra dans l'église avec la foule et, après
beaucoup de difficultés et d'efforts, il put pénétrer
jusqu'à l'autel où était exposé le corps du saint Evêque. Alors, plein de confiance et pénétré de cette
foi vive qui transporte les montagnes, il approche
et fait toucher sa jambe malade à la châsse. Aussitôt
il s'aperçoit qu'un changement s'est opéré en lui. Il
regarde, sa jambe n'a plus d'enflure, il la découvre et
reconnaît que tout mal a entièrement disparu. O béni
soit mille fois saint Anthelme, s'écrie-t-il, je suis
guéri ! Et les milliers de témoins de tant de merveil-
les, répondent avec le prophète : *Que Dieu est grand,
admirable et magnifique dans ses Saints !*

Comme nous l'avons dit, il nous serait facile de
prolonger ces citations ; mais nous pensons que les
miracles que nous avons rapportés, d'après les
auteurs les plus recommandables et les plus dignes
de foi, suffisent pour inspirer la plus grande confiance
au saint Evêque de Belley. Plusieurs de ces miracles
sont consignés dans les procès-verbaux de la canoni-
sation du Saint, et on sait quelles précautions l'Eglise
prend, avant de les admettre comme preuves de
la sainteté des personnages que l'on propose à la
vénération des fidèles.

CHAPITRE XVI

DÉVOTION DES HABITANTS DE BELLEY ET DES PAYS

VOISINS A SAINT ANTHELME.

Il est regrettable que nous ne puissions rapporter dans ce livre les miracles opérés par l'intercession de saint Anthelme, pendant le xviiie siècle : ils ont été très-nombreux et la collection en avait été faite avec encore plus de soin que dans les siècles antérieurs ; mais les archives du chapitre de Belley, où tous ces procès-verbaux étaient conservés, ont été brûlées à la Révolution de 1793. Ce qui nous prouve la continuation des prodiges opérés à l'autel du Saint, c'est la nombreuse affluence des pèlerins qui n'ont jamais cessé d'accourir de tous les pays pour venir solliciter les faveurs du Thaumaturge. Mais c'est surtout à l'époque de la fête que, chaque année, on voyait affluer de tous côtés une multitude d'hommes, de femmes, de vieillards et d'enfants qui venaient célé-

brer la grande solennité du protecteur. Les rues de
Belley étaient encombrées d'étrangers et, dès la
veille, il n'y avait plus de place dans les hôtels, ni
dans les maisons particulières. Les pèlerins passaient
la nuit dans les églises ou aux alentours, à chanter
des cantiques et à réciter des prières. Dans la ville,
toutes les rues étaient pavoisées, tous les travaux
suspendus et chacun s'étudiait à faire quelque chose
en l'honneur du patron bien-aimé. Pendant deux
nuits, une illumination splendide répandait des ger-
bes de lumière, jusque dans les quartiers les plus re-
culés. La confrérie de Saint-Anthelme, qui était l'âme
de la fête, dirigeait et encourageait tout par son
exemple. Ces pieux confrères, très-nombreux alors,
se réunissaient, dès le matin, et se rendaient à l'église,
un flambeau à la main, en chantant l'hymne des
Confesseurs. Les prêtres ne suffisaient pas à entendre les confessions du grand nombre de ceux qui
désiraient s'approcher de la sainte table. La Cathédrale était trop petite pour contenir la multitude
de ceux qui auraient voulu assister aux cérémonies
de la solennité.

Mais ce qui donnait à cette fête un caractère particulier et peut-être unique dans l'histoire des fêtes
chrétiennes, c'était l'affabilité qui régnait entre toutes ces personnes souvent étrangères les unes aux
autres. En ce jour, toutes les haines et les inimitiés
devaient cesser, on devait pardonner et oublier toutes

les injures ; tous les cœurs devaient être franchement unis dans le cœur si charitable du saint Patron. Cette persuasion était tellement générale, que les personnes mêmes qui ne se connaissaient pas et qui ne s'étaient jamais rencontrées, se saluaient gracieusement du nom de *cousin.* C'était tout à la fois une fête religieuse, nationale et une fête de famille.

Les personnes qui, depuis plusieurs années, ont assisté à la fête de saint Anthelme, nous disent qu'elle est toujours célébrée, comme anciennement, avec la pompe et l'éclat d'une solennité de premier ordre. L'affluence des étrangers est peut-être un peu moins grande, mais toujours cependant très-considérable. Les habitants de Belley rivalisent de zèle comme par le passé pour les illuminations et le décor de leur ville. Ils font aux pèlerins les honneurs de leur cité avec la même politesse et les mêmes prévenances que le faisaient leurs pères, dont l'affabilité était proverbiale. Puissent-ils, par ces sacrifices, mériter aussi la continuation des faveurs de leur puissant et glorieux Patron !

Après l'édifiant tableau que nous venons de tracer, des fêtes célébrées en l'honneur de saint Anthelme, nous voudrions, s'il était possible, tirer un voile sur ce qui s'est passé autour de cette châsse sacrée, dans les jours d'impiété et de délire. Mais l'historien doit à ses lecteurs toute la vérité. D'ailleurs, si ces révélations impriment au front des coupables une tache indélébile de flétrissure et de honte, elles font briller le courage des hommes énergiques qui ont arrêté le bras sacrilége des vandales.

Le 6 décembre 1793, une bande, formée de tout ce qu'il y avait de plus décrié dans la lie du peuple, se précipita en vociférant des blasphèmes vers la Cathédrale. Assurés de l'impunité et poussés par les agents du gouvernement révolutionnaire, ces impies enfoncèrent les portes de l'église et, après avoir commis toutes sortes de profanations dans le lieu saint, ils enlevèrent de dessus l'autel la châsse qui renfermait le corps de saint Anthelme. Ils se disposaient à la porter sur la place publique pour la livrer aux flammes, lorsqu'un murmure général s'éleva dans la foule pour protester contre ce sacrilége. On se hâta d'avertir les magistrats de la ville qui envoyèrent des gardes pour empêcher la profanation. Mais, dans l'intervalle, les malfaiteurs avaient brisé la châsse et s'en étaient distribués les parties les plus précieuses. Après ce premier crime, un d'entre eux s'empara de la tête du Saint et la jeta avec fureur sur le pavé, en prononçant ces paroles qui firent frémir tous les assistants : *Si tu es saint fais le voir !* Hélas ! le malheureux ne tarda pas à subir le châtiment de son impiété. Toute la ville de Belley a pu voir la maladie affreuse dont il fut frappé et dont il n'a jamais guéri,

pendant les vingt-trois ans qu'il a encore vécu. (1).
On rapporte, néanmoins, qu'étant près de mourir il
éprouva un vif regret de sa profanation et du scandale qu'il avait donné ; il fit une amende honorable
à saint Anthelme et reçut les derniers sacrements
avec des sentiments de foi et d'un sincère repentir.

A l'arrivée des gardes, des hommes pieux et dévoués recueillirent les précieuses reliques, les enve-
loppèrent soigneusement, et, pour éviter de nouvelles profanations, les cachèrent dans la sacristie,
sous le parquet, près du grand pilier qui soutient la
voûte. Ces reliques restèrent ainsi cachées jusqu'au
mois de juillet 1806, où les vicaires généraux de
Lyon nommèrent une commission chargée de les découvrir et de les reconnaître. Cette commission,
accompagnée d'un conseil de médecins, procéda,
pendant deux jours, à l'audition de témoins très-
nombreux qui donnèrent des détails tellement cir-
constanciés et minutieux des preuves si évidentes
de leur déposition, qu'il n'y eut pas le moindre doute

---

(1) Les nombreux témoins qui ont connu le profanateur affirment
qu'il lui était sorti autour du cou des tumeurs de dix à douze cen-
timètres de longueur. Ces dégoûtantes excroissances étaient termi-
nées par une grosseur sanguinolente qui avait la forme d'une tête.
Il semble que la vengeance divine ait voulu graver sur la face du
coupable, comme sur celle de Caïn, ces paroles terribles : *Justice de
Dieu*.

sur l'authenticité des reliques (1). Le 2 août de la
même année, ces dépositions furent de nouveau exa-
minées en présence de deux évêques, d'un grand
nombre de prêtres et de tous les notables de la ville
de Belley. A la suite de ces informations, les reliques
furent enfermées dans une nouvelle châsse et repla-
cées sur l'autel.

Le 8 juin 1813, le cardinal Fesch, archevêque de
Lyon, étant en visite pastorale à Belley, fit encore
la reconnaissance des reliques de saint Anthelme,
à la prière de M. Juillet, curé de la paroisse. On lui
présenta les procès-verbaux des enquêtes; il fit paraître de nouveaux témoins, et, après s'être bien
assuré de l'authenticité des reliques, il les remit
dans la châsse, qu'il scella de ses armes. Elles furent
ensuite portées dans la chapelle de Saint-Anthelme
et enfermées dans une armoire pratiquée dans le
mur, à gauche de l'autel. Le cardinal Fesch an-
nonça, dans cette visite pastorale, qu'il avait le projet de convoquer au plus tôt, à Belley, un Synode
auquel seraient invités les évêques voisins et tous les
prêtres de son diocèse (2). Il se proposait de procla-

---

(1) On peut lire toutes ces dépositions et les procès-verbaux qui
les accompagnent, à la fin de l'*Abrégé de la vie de saint Anthelme*,
par Mr Dépéry.

(2) Le diocèse de Belley était alors réuni à l'archidiocèse de Lyon.

mer de nouveau, dans cette assemblée, le culte de saint Anthelme, de porter ces reliques en procession dans toutes les rues de la ville et de les replacer ensuite solennellement sur l'autel. Les événements politiques, qui changèrent alors le gouvernement de la France, empêchèrent l'Archevêque de Lyon de réaliser ce projet (1).

Cet honneur était réservé à Mgr Devie, un des plus fidèles imitateurs des vertus de saint Anthelme. Dès les premiers jours de son arrivée dans le diocèse, ce zélé et savant Pontife s'occupa de la nouvelle translation des reliques de son saint prédécesseur. Il commanda à un artiste distingué une chàsse beaucoup plus belle et plus riche que toutes les autres. Il convoqua à la cérémonie plusieurs évêques et tout le clergé de son diocèse. Les habitants de Belley déployèrent de leur côté le même zèle que leurs pères à la voix de Mgr de Passelaigue. La cérémonie, qui eut lieu le 26 juin 1830, fut magnifique et des plus touchantes, par l'affluence immense des fidèles et leur recueillement parfait. Depuis cette époque, la dévotion à saint Anthelme a pris un nouvel essor : les pèlerinages redeviennent plus fréquents et les

---

(1) Le cardinal Fesch, comme oncle maternel de Napoléon Ier, fut obligé de quitter la France le 20 mars 1814.

1

grâces obtenues par son intercession plus nombreuses.

Nous espérons que le magnifique sanctuaire, élevé dans sa paroisse natale par les RR. PP. Chartreux, contribuera aussi beaucoup à établir dans nos pays une dévotion si féconde en prodiges. Saint Anthelme ne manquera pas de bénir cette terre qui lui a donné le jour, qui a porté ses premiers pas, et où il a reçu le germe de ces vertus éminentes, qui l'ont élevé au rang des plus grands Saints de l'Eglise.

Pour nous, qui avons mis notre application à retracer la vie de ce grand et saint Pontife, illustre enfant de la Savoie, nous nous estimerons heureux si ces pages peuvent contribuer à amener autour de son autel un grand nombre de suppliants, et nous mériter de sa part un regard de bienveillance et de protection.

FIN.

TABLE DES MATIÈRES

FIN DE LA TABLE.

www.ingramcontent.com/pod-product-compliance
Lightning Source LLC
Chambersburg PA
CBHW060144100426
42744CB00007B/890